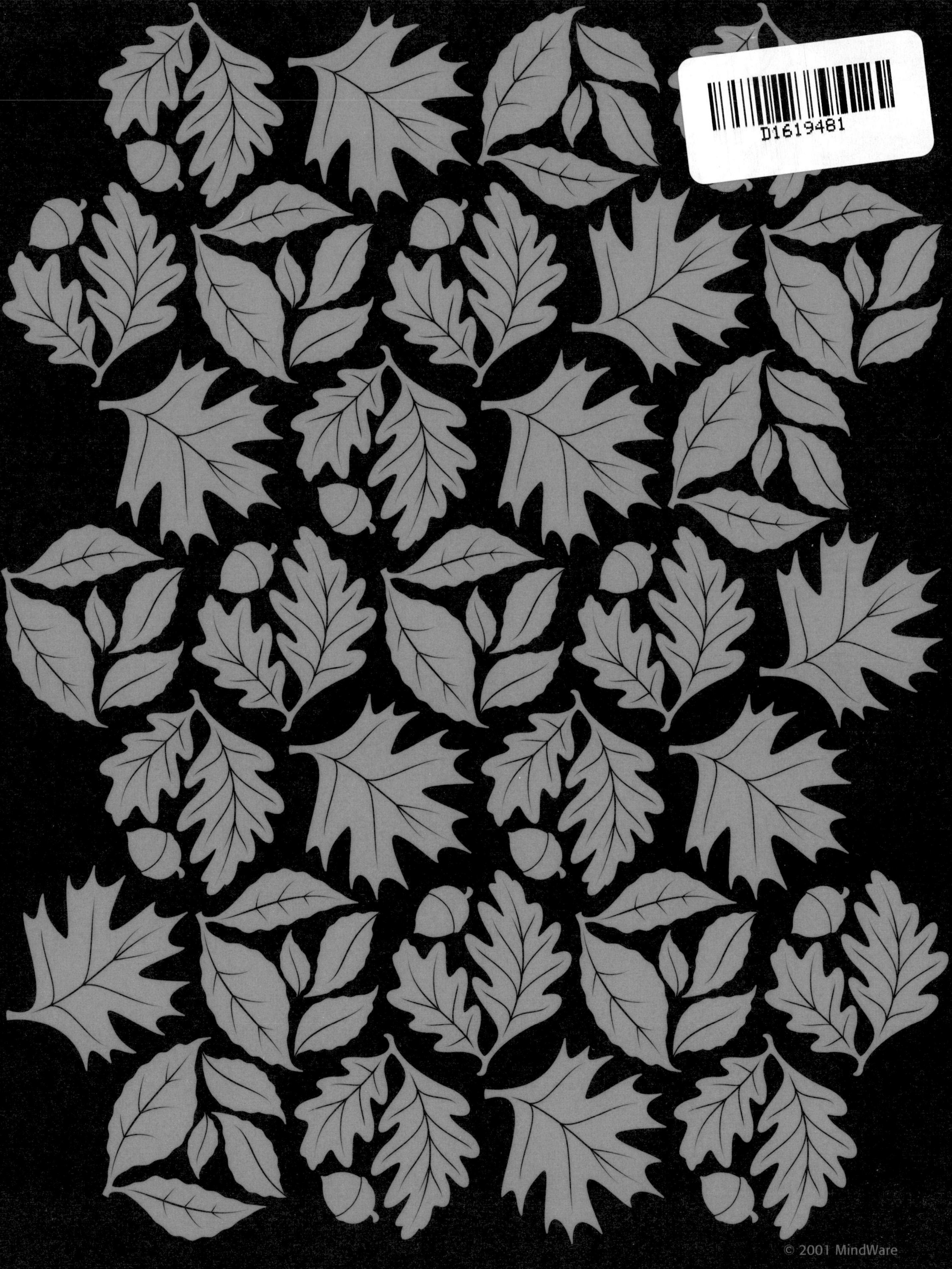

D1619481

© 2001 MindWare

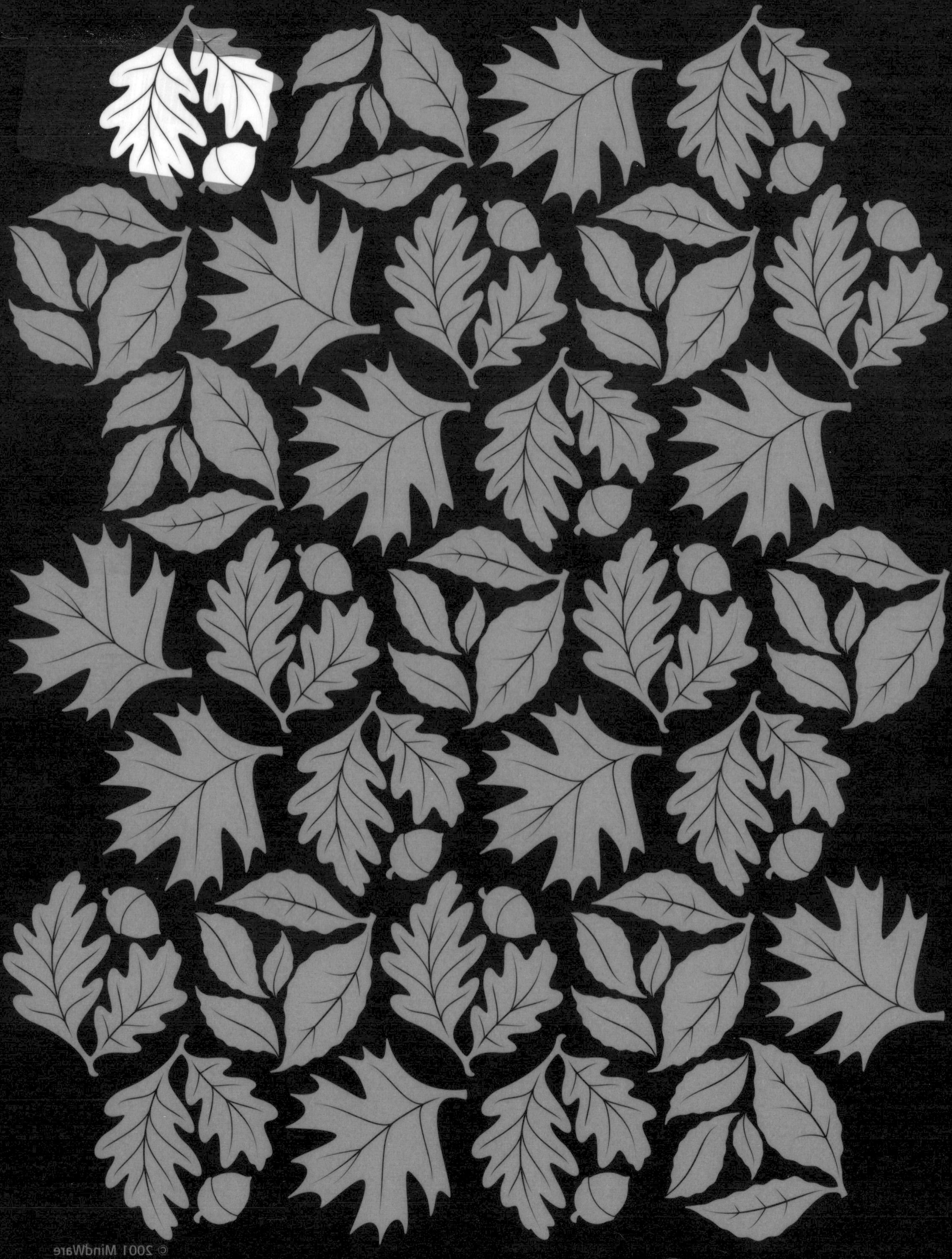

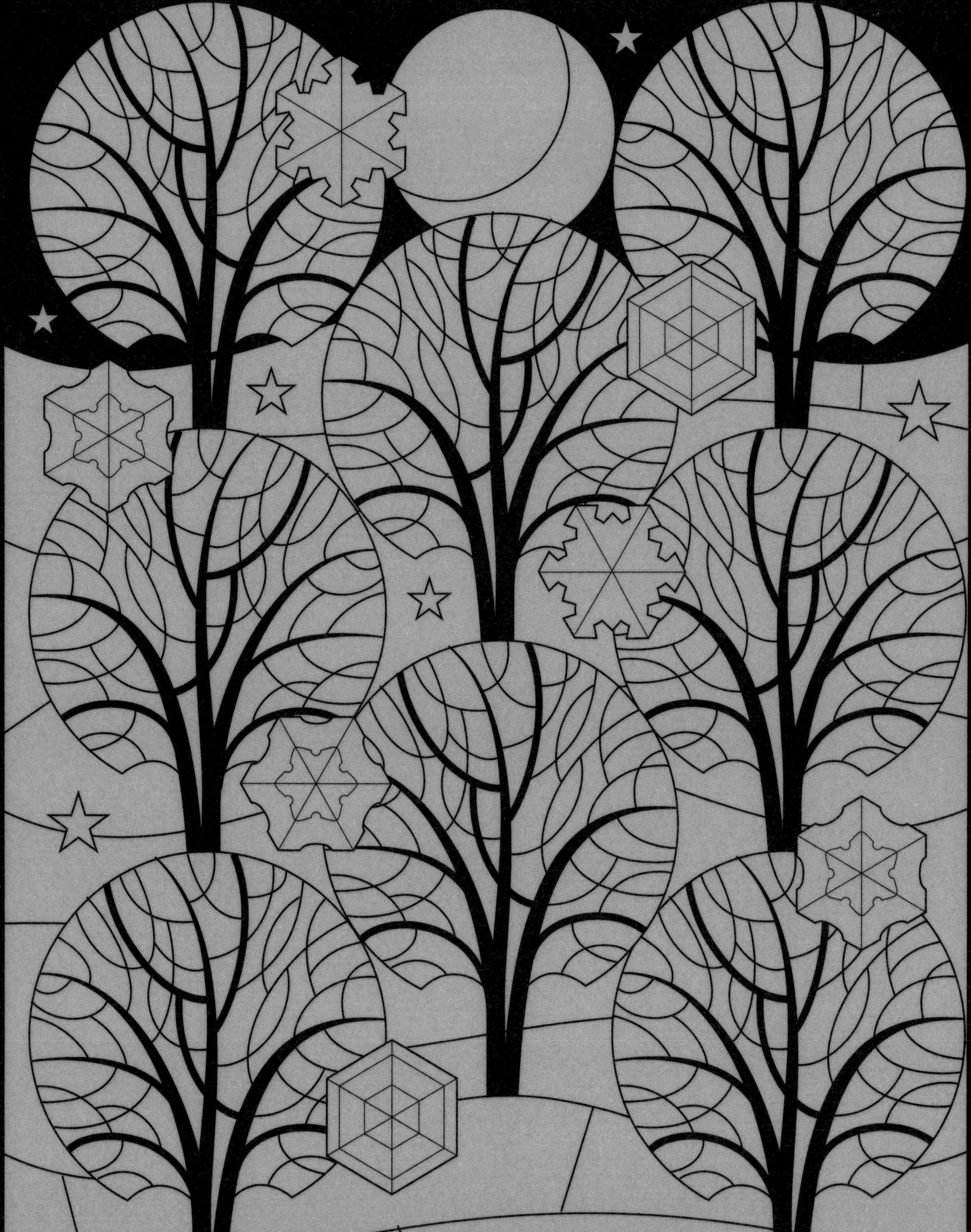

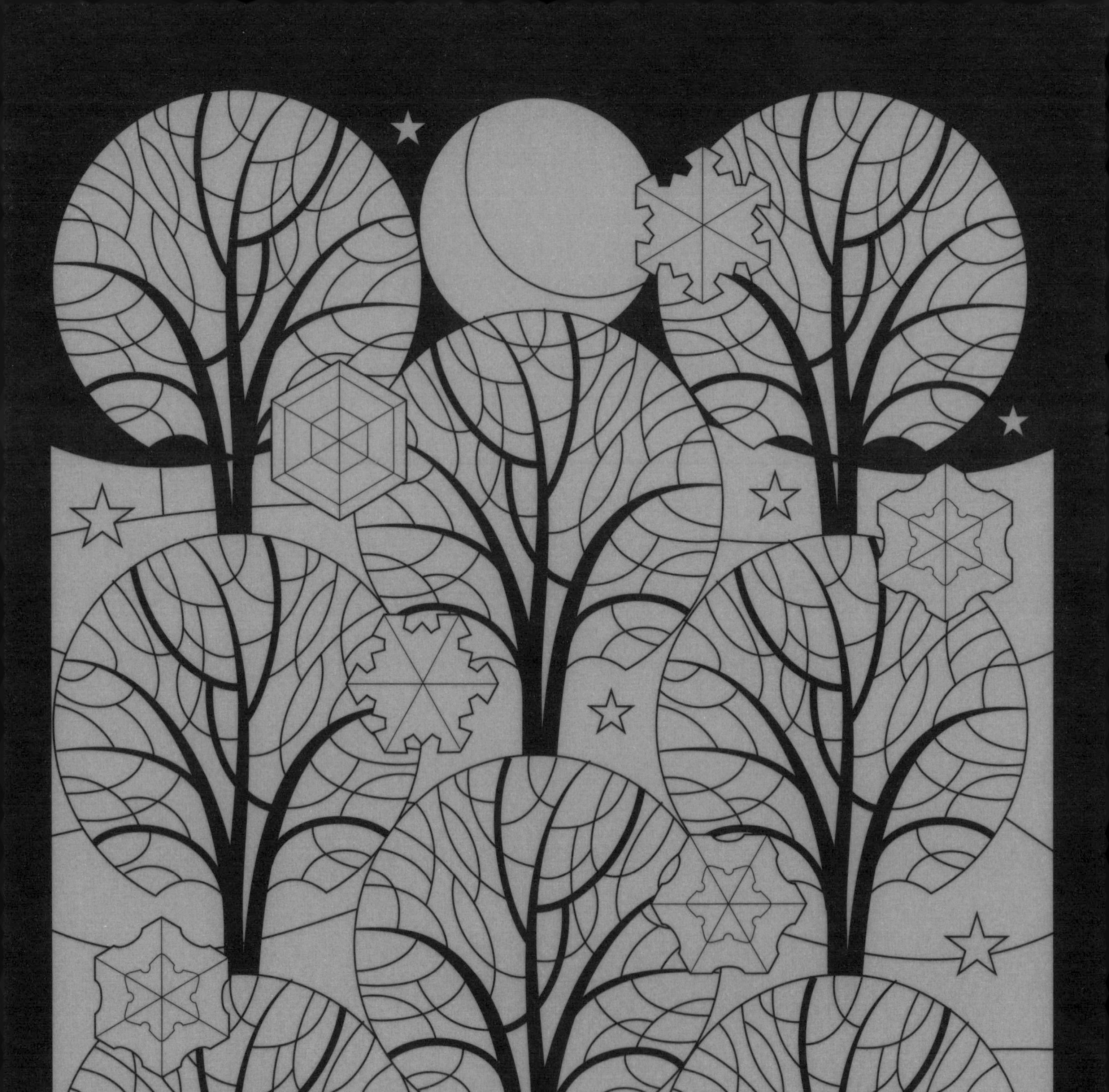

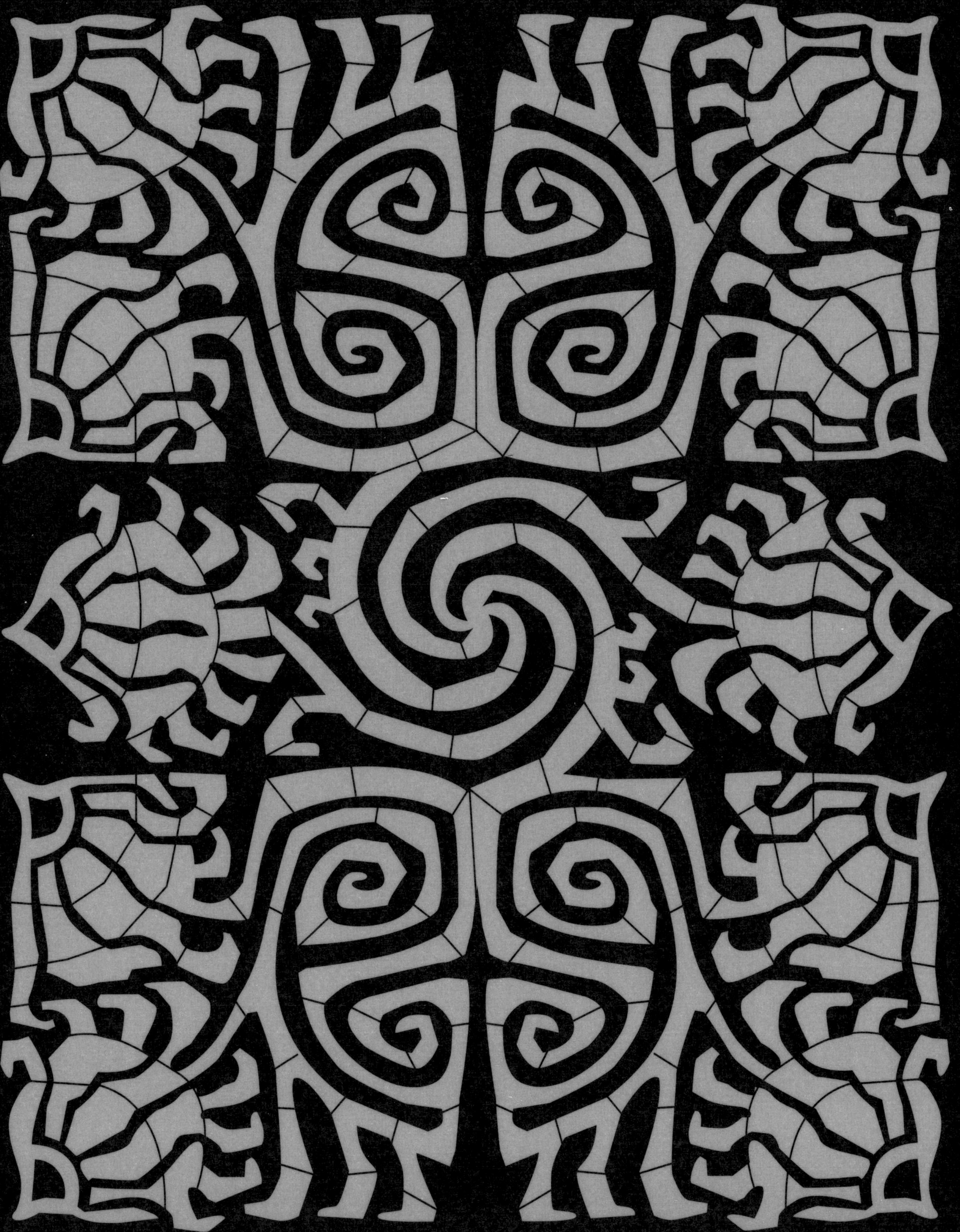

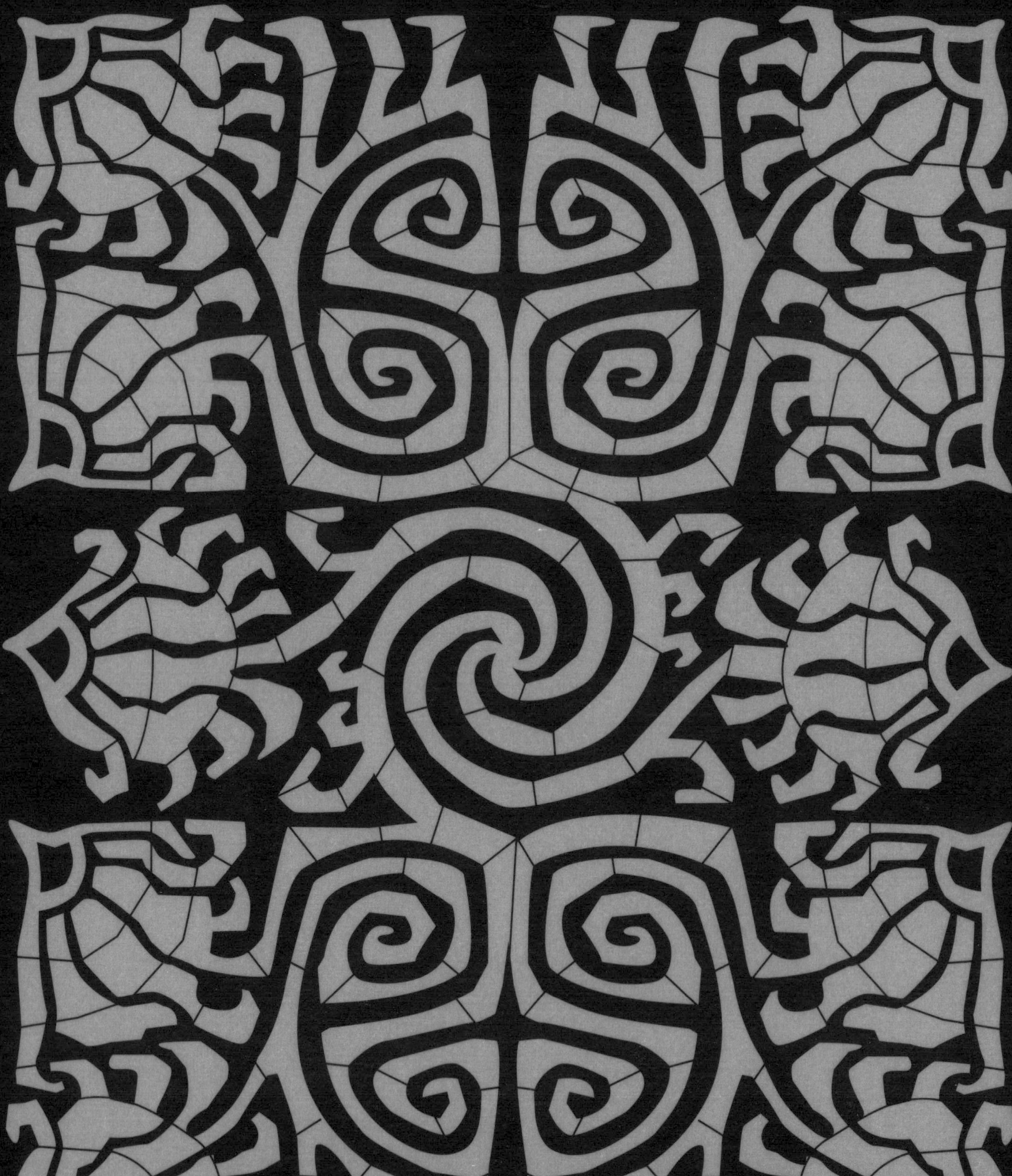

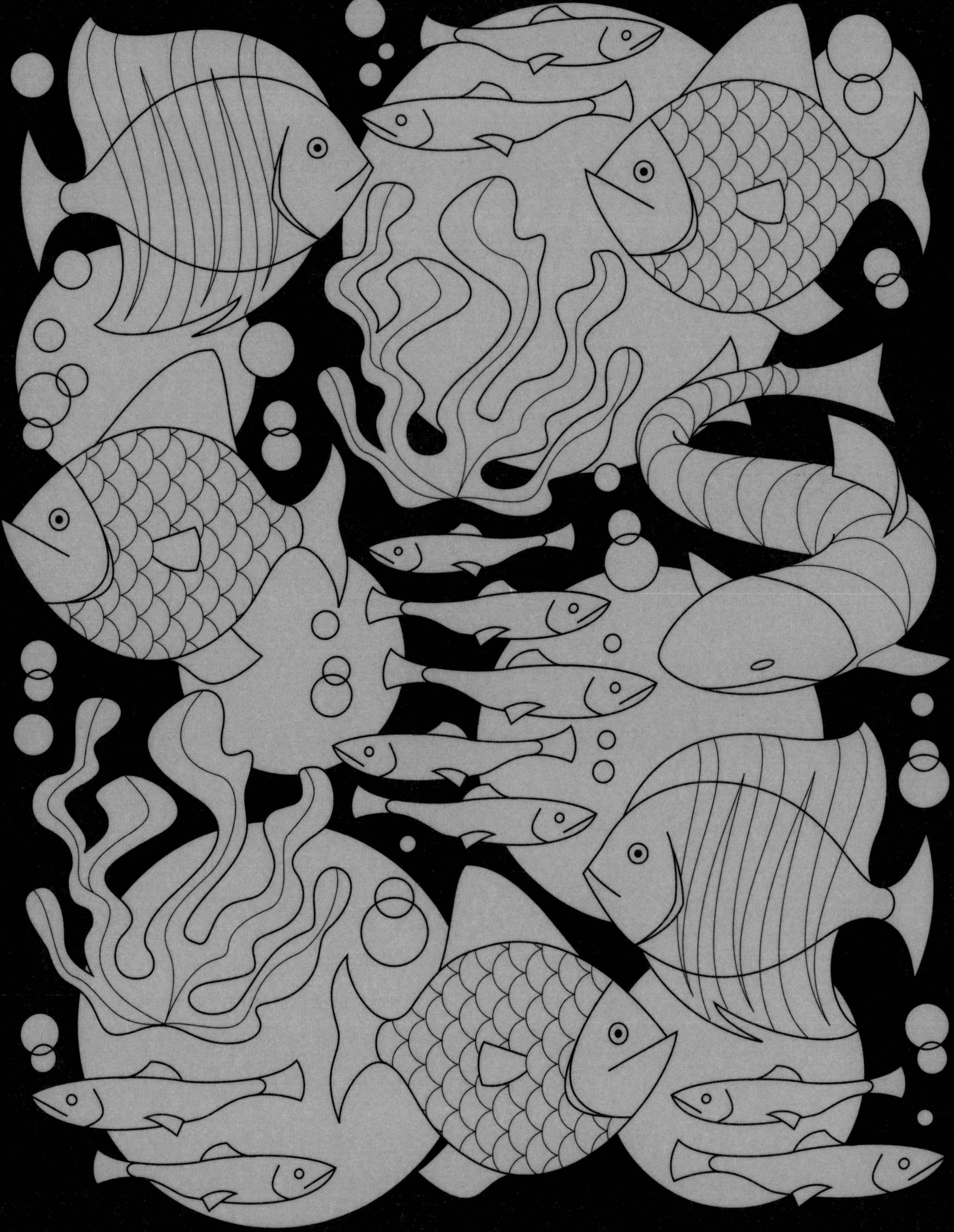

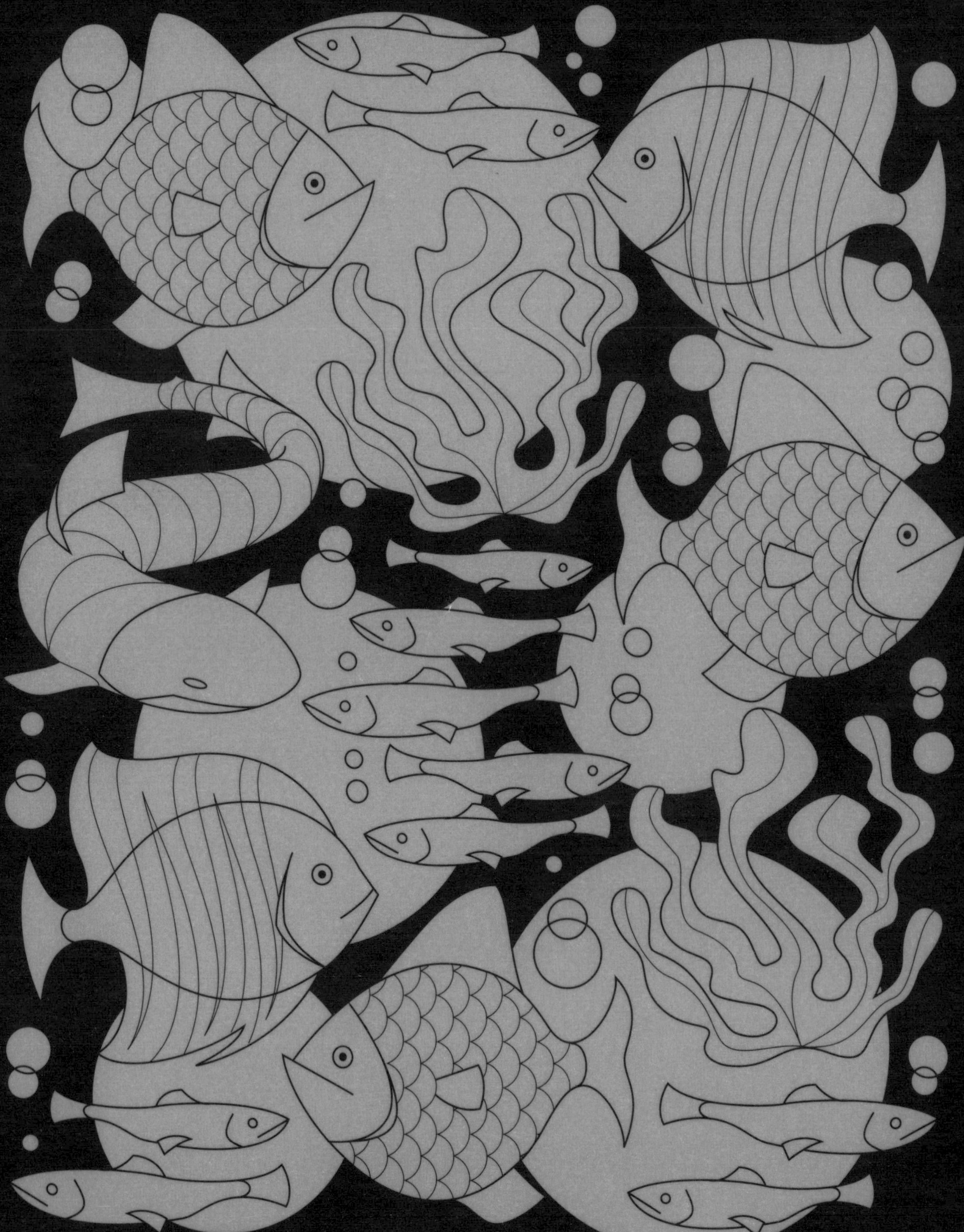

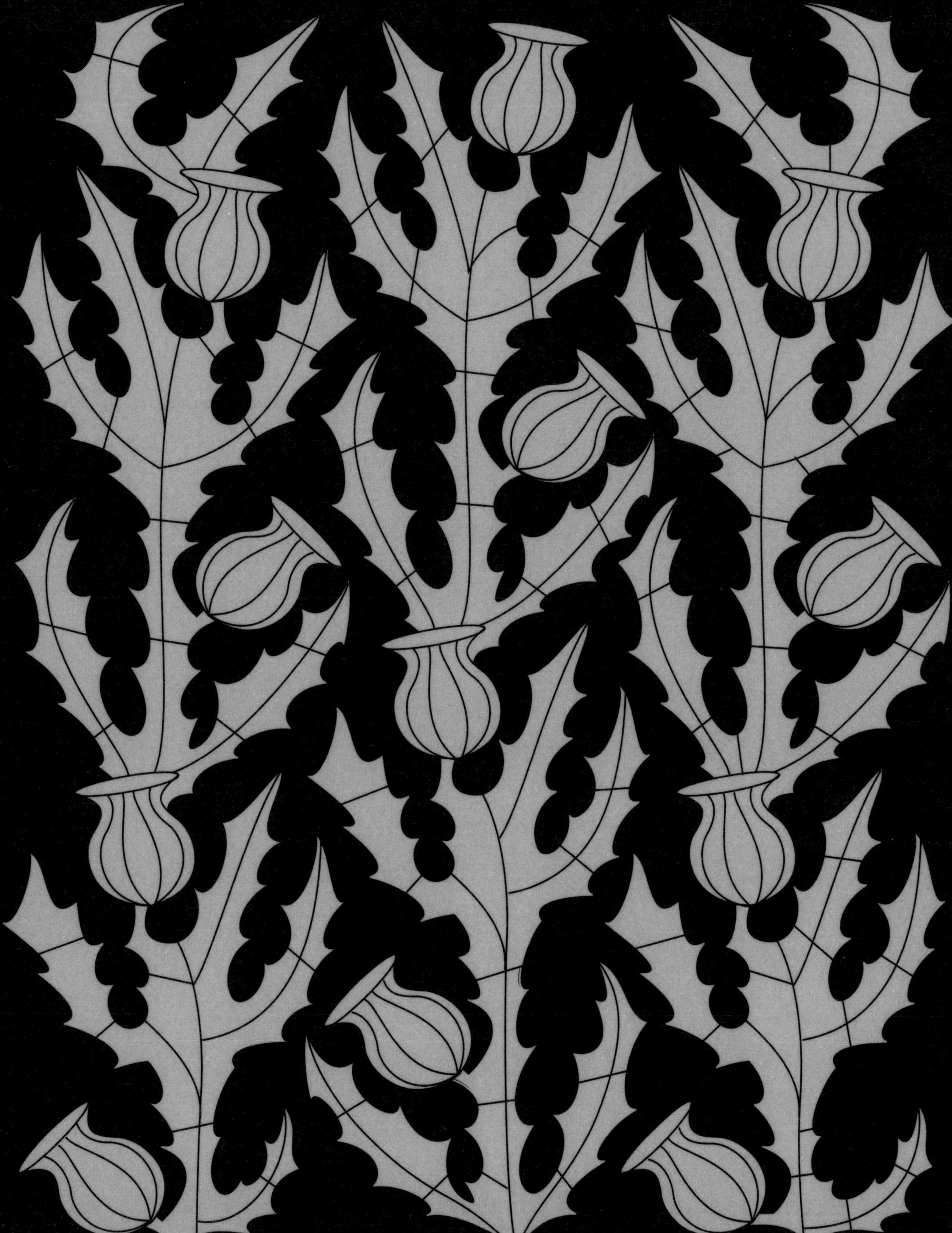

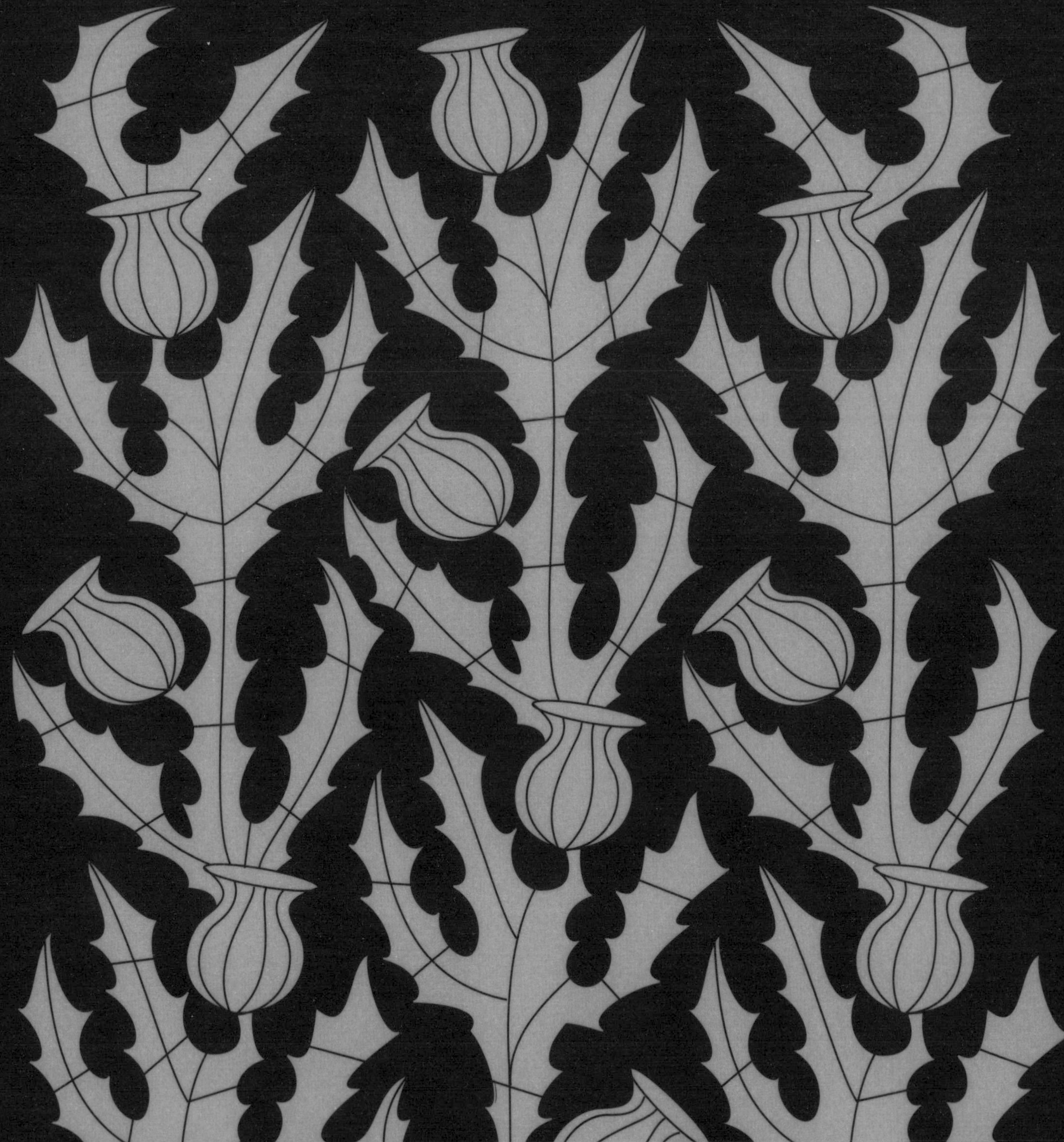

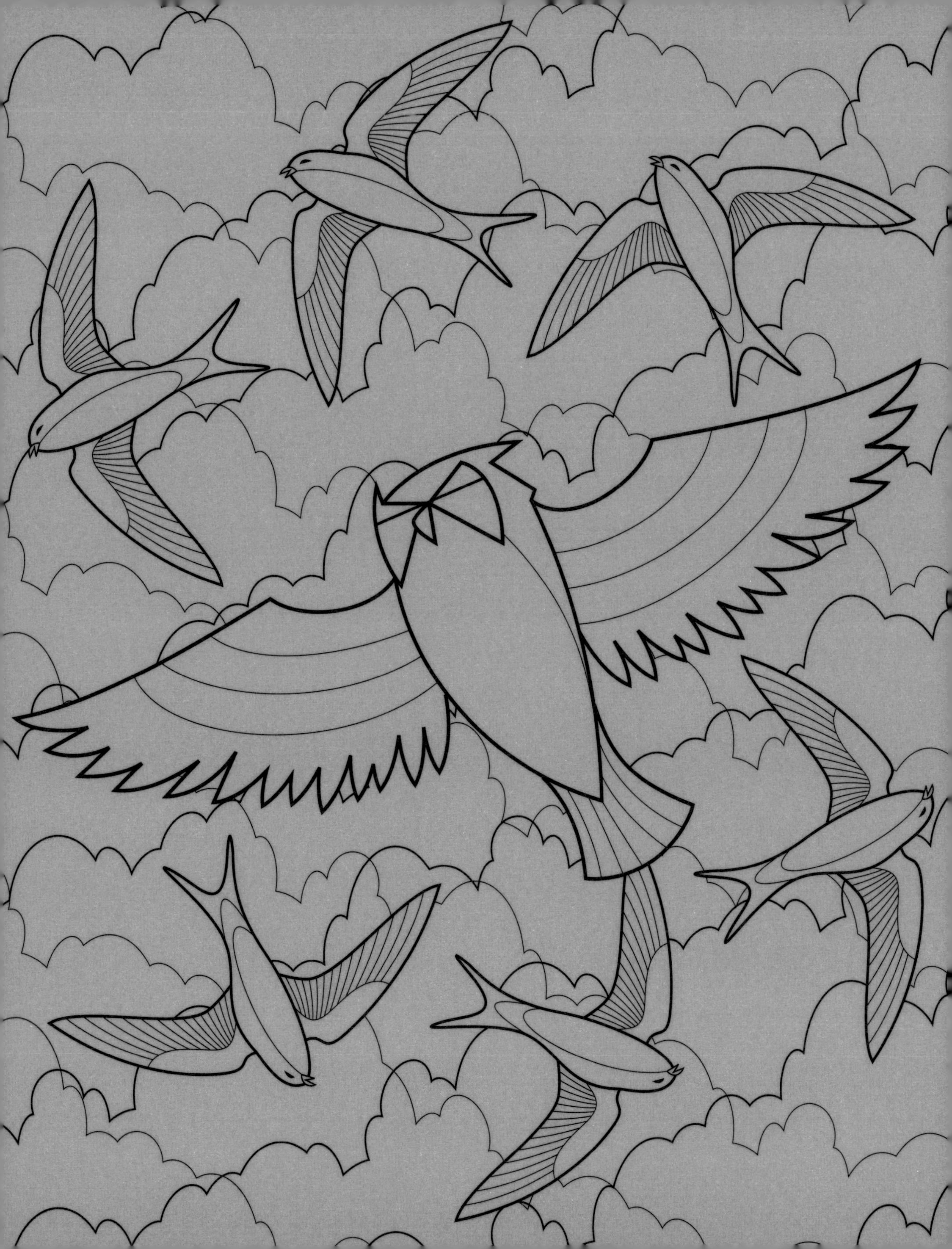

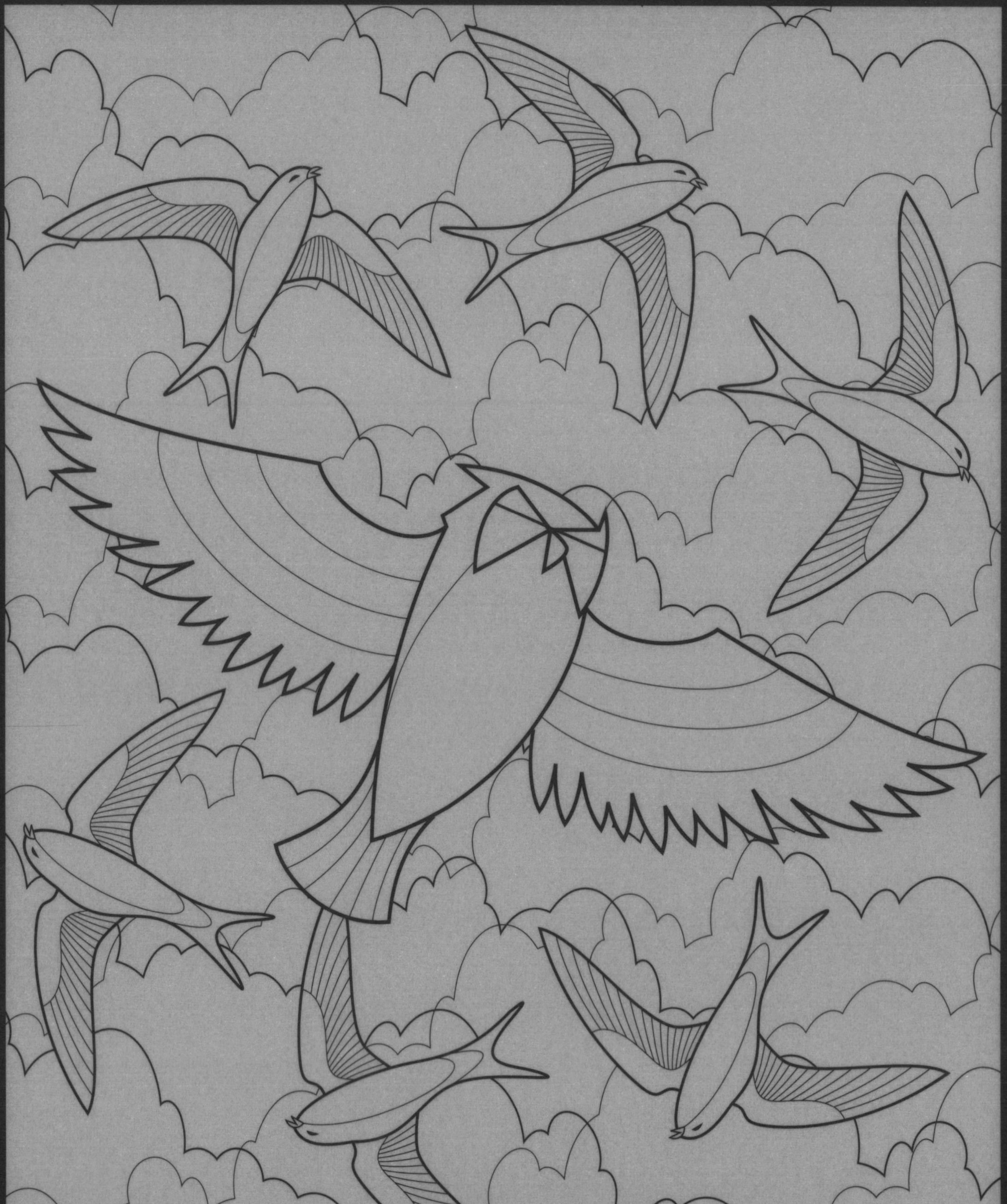

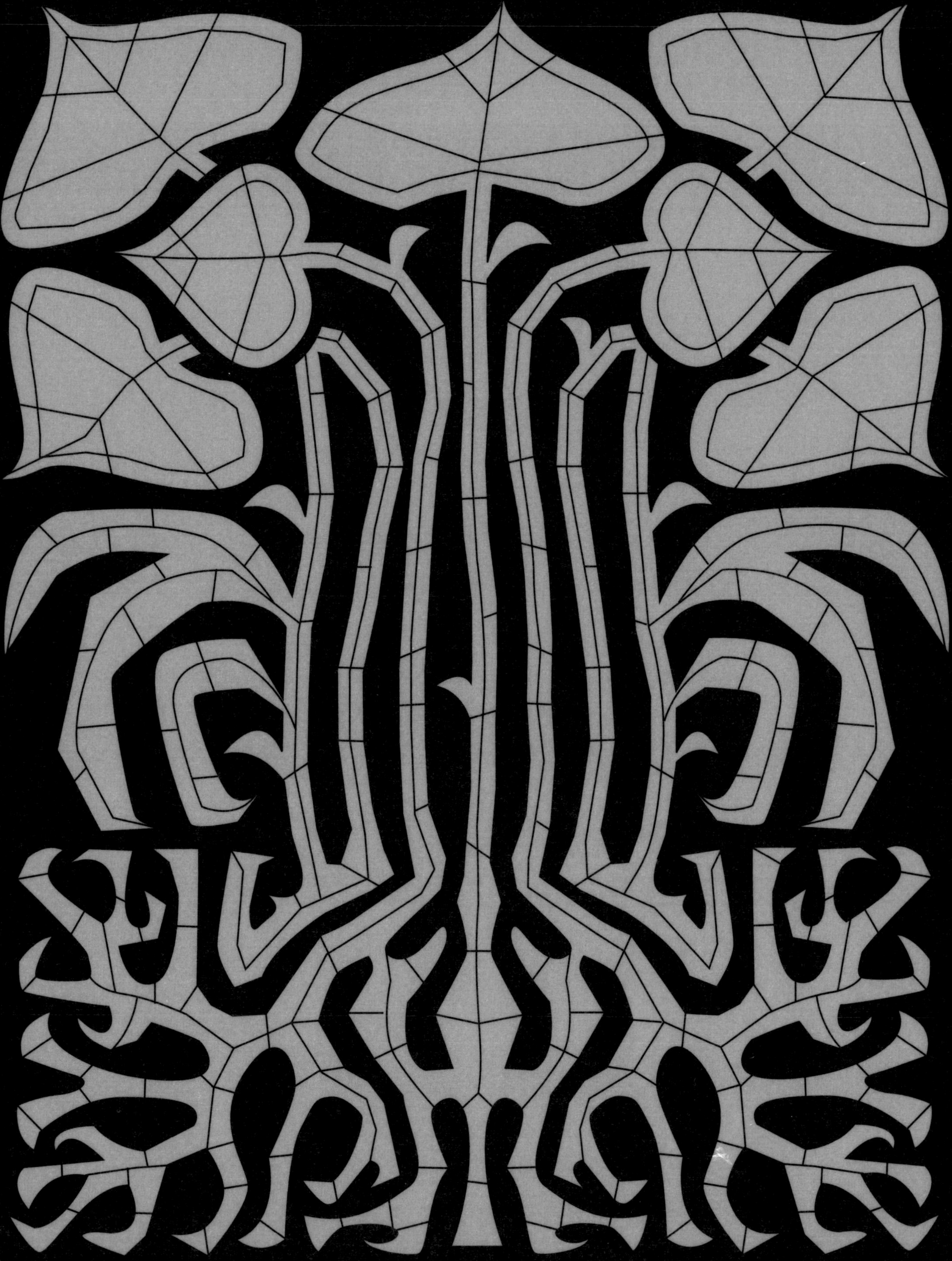

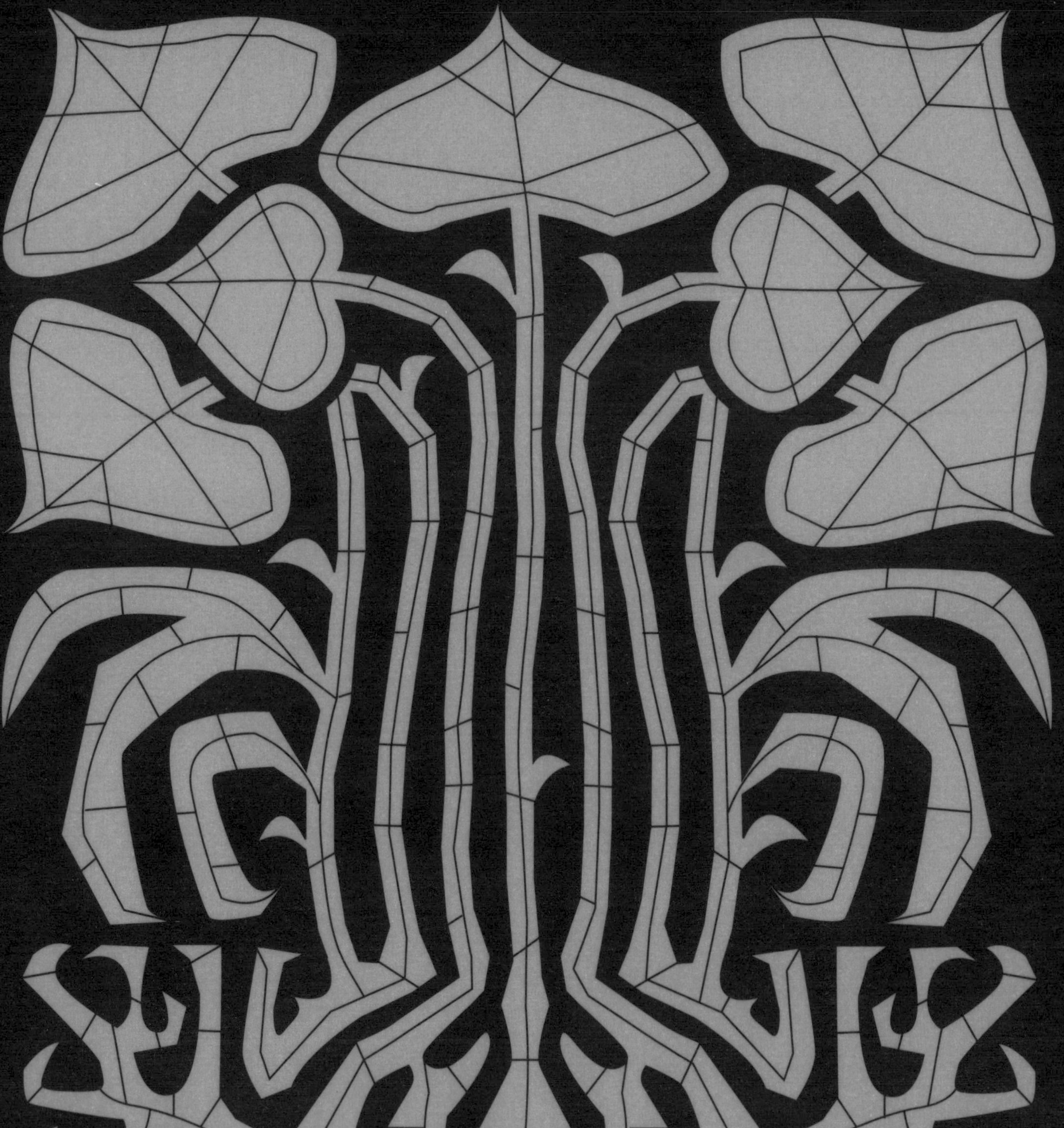

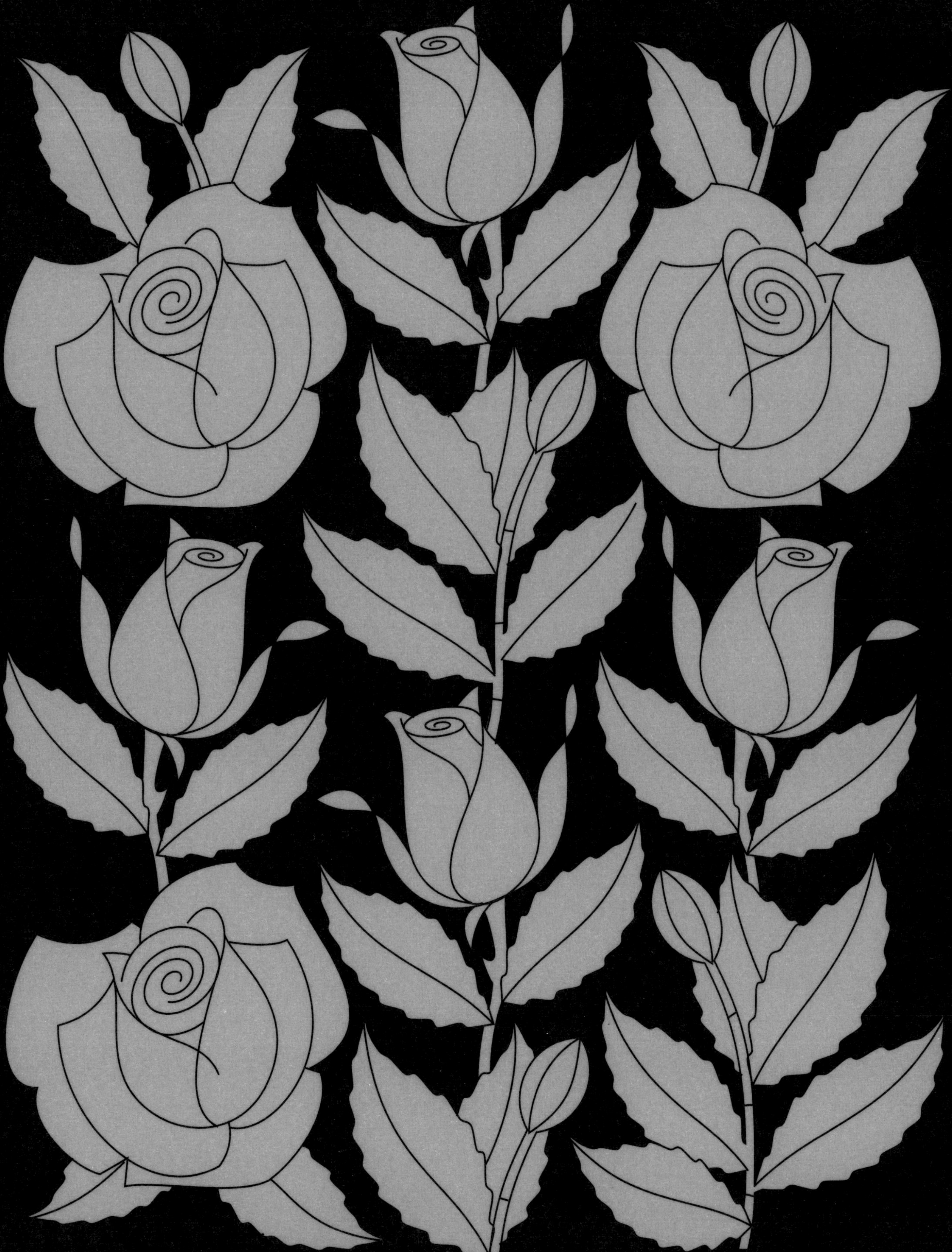

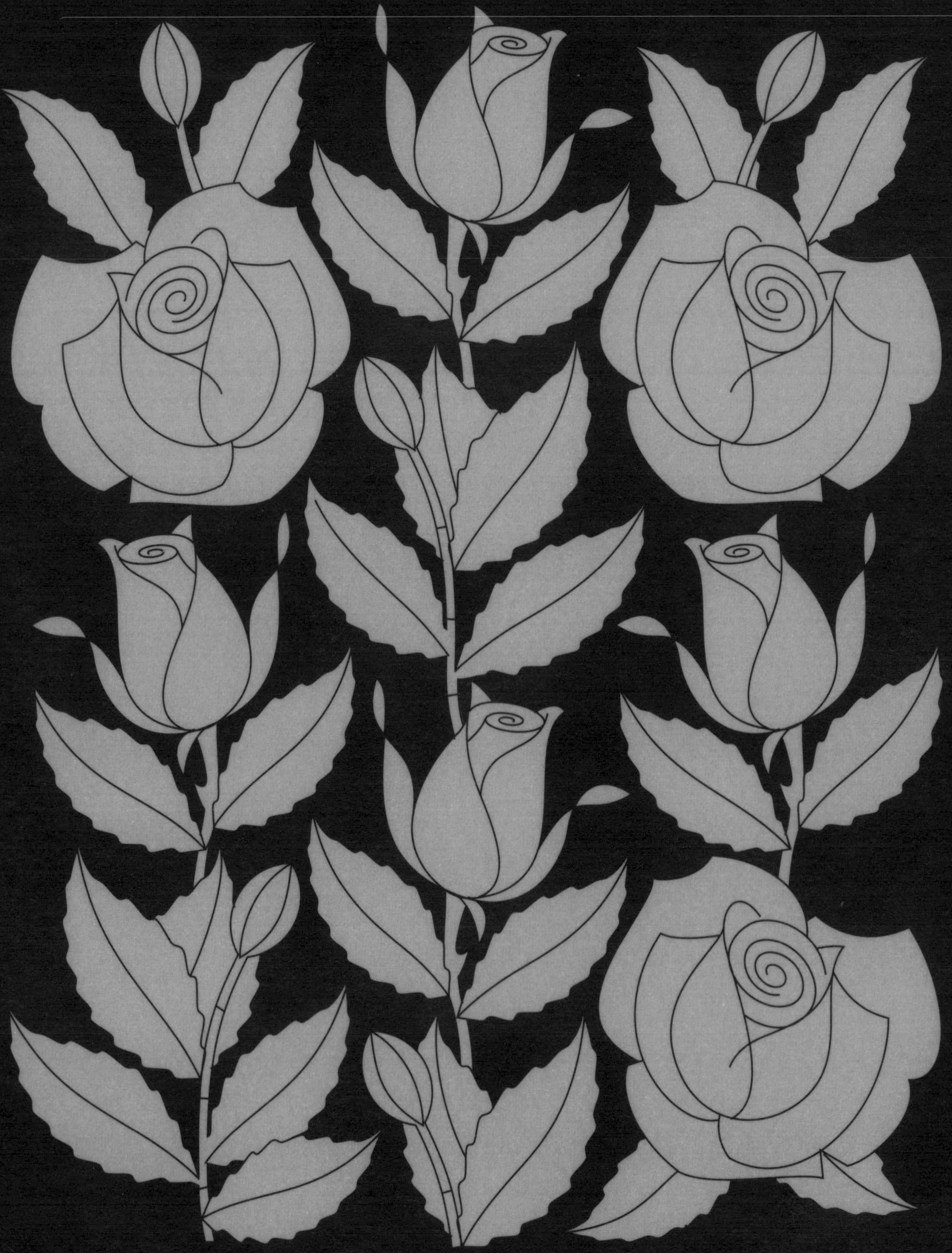

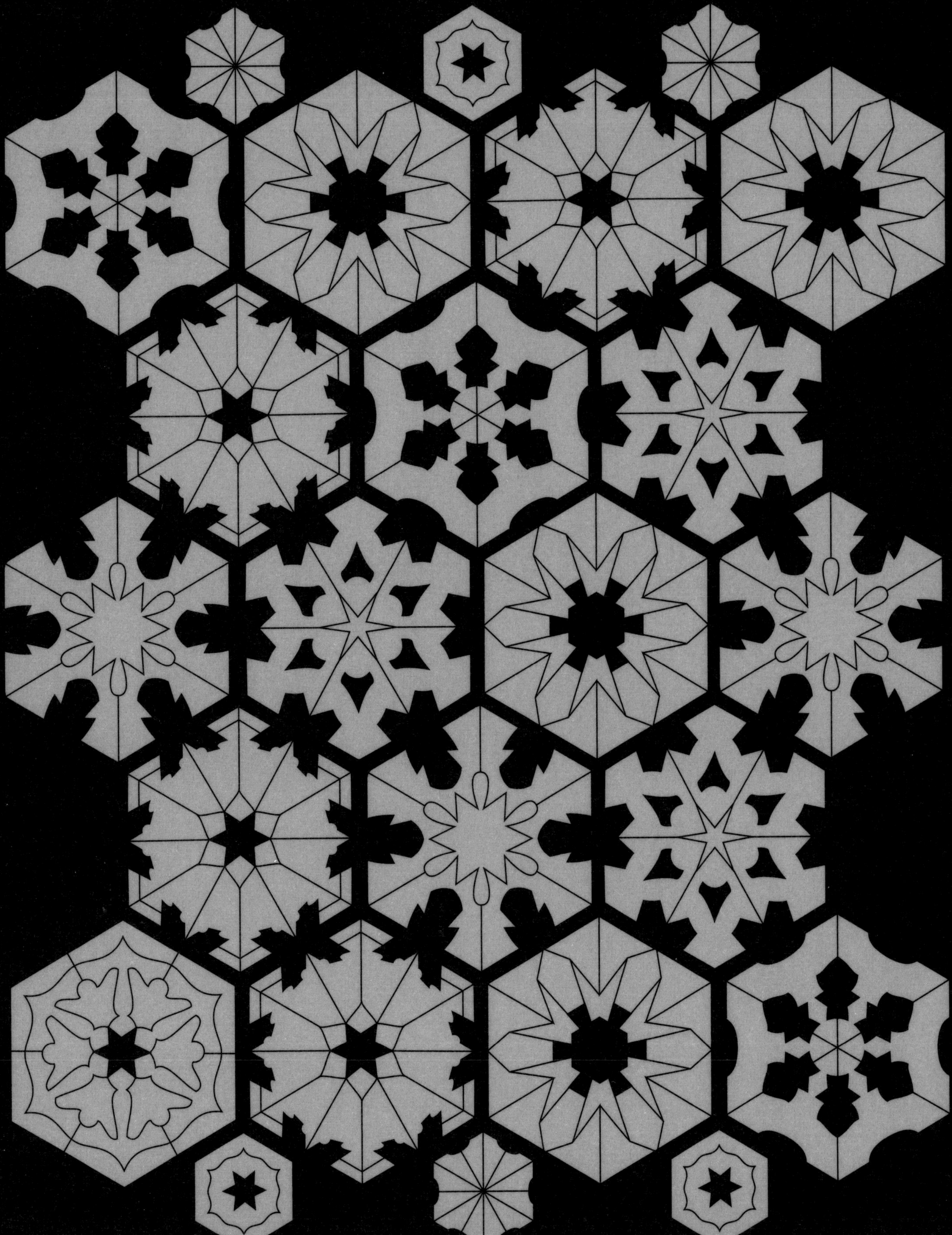

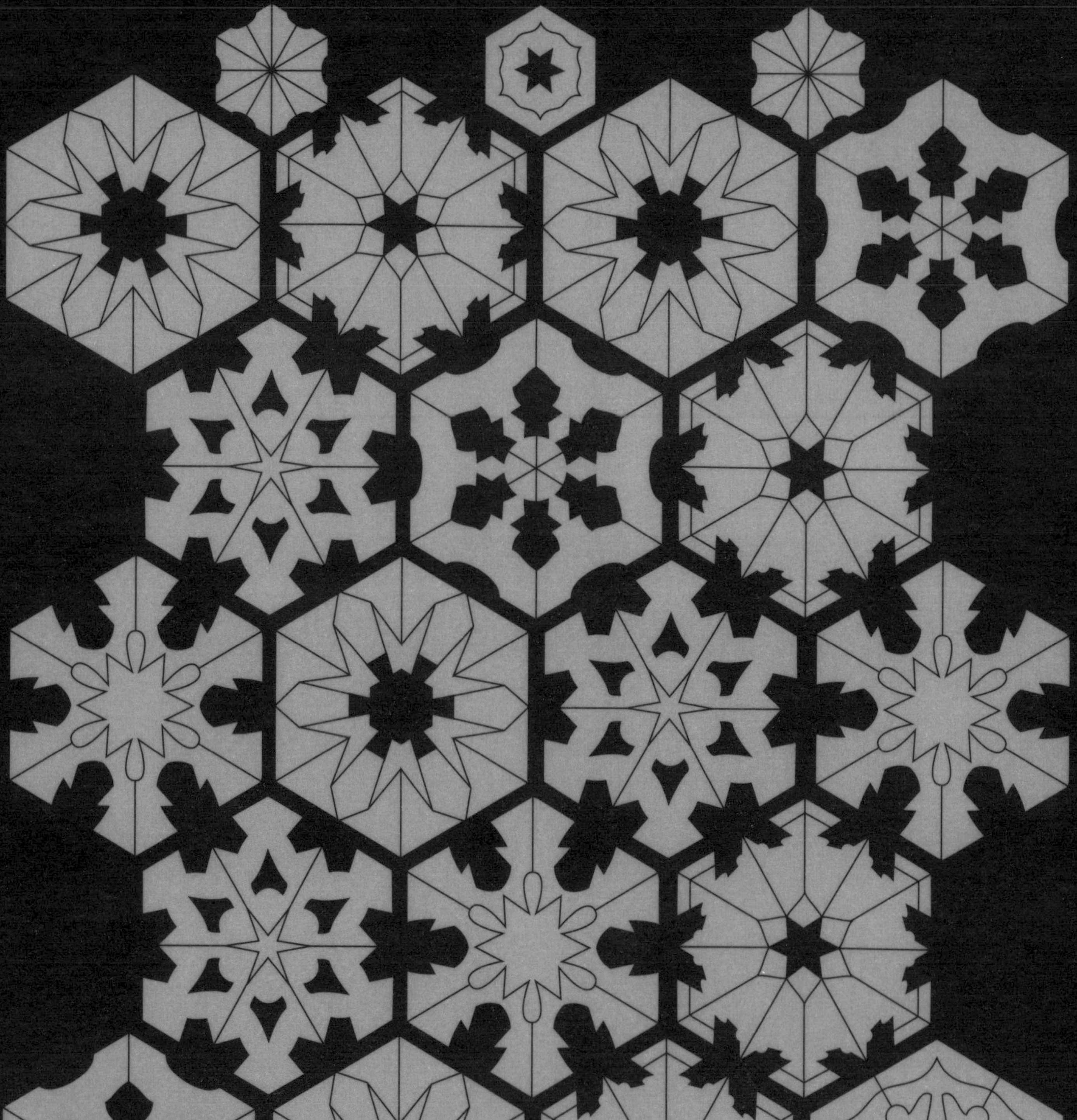

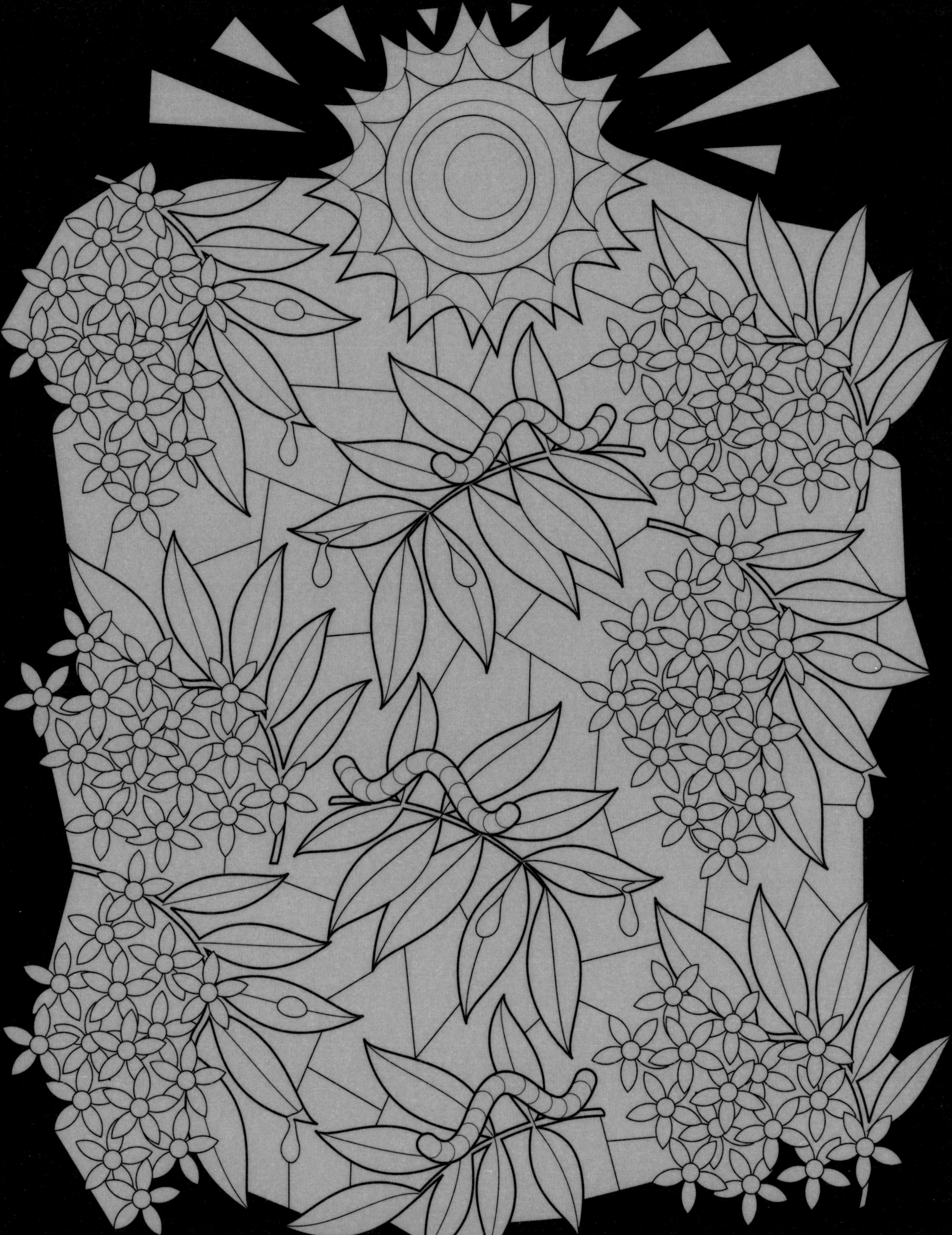

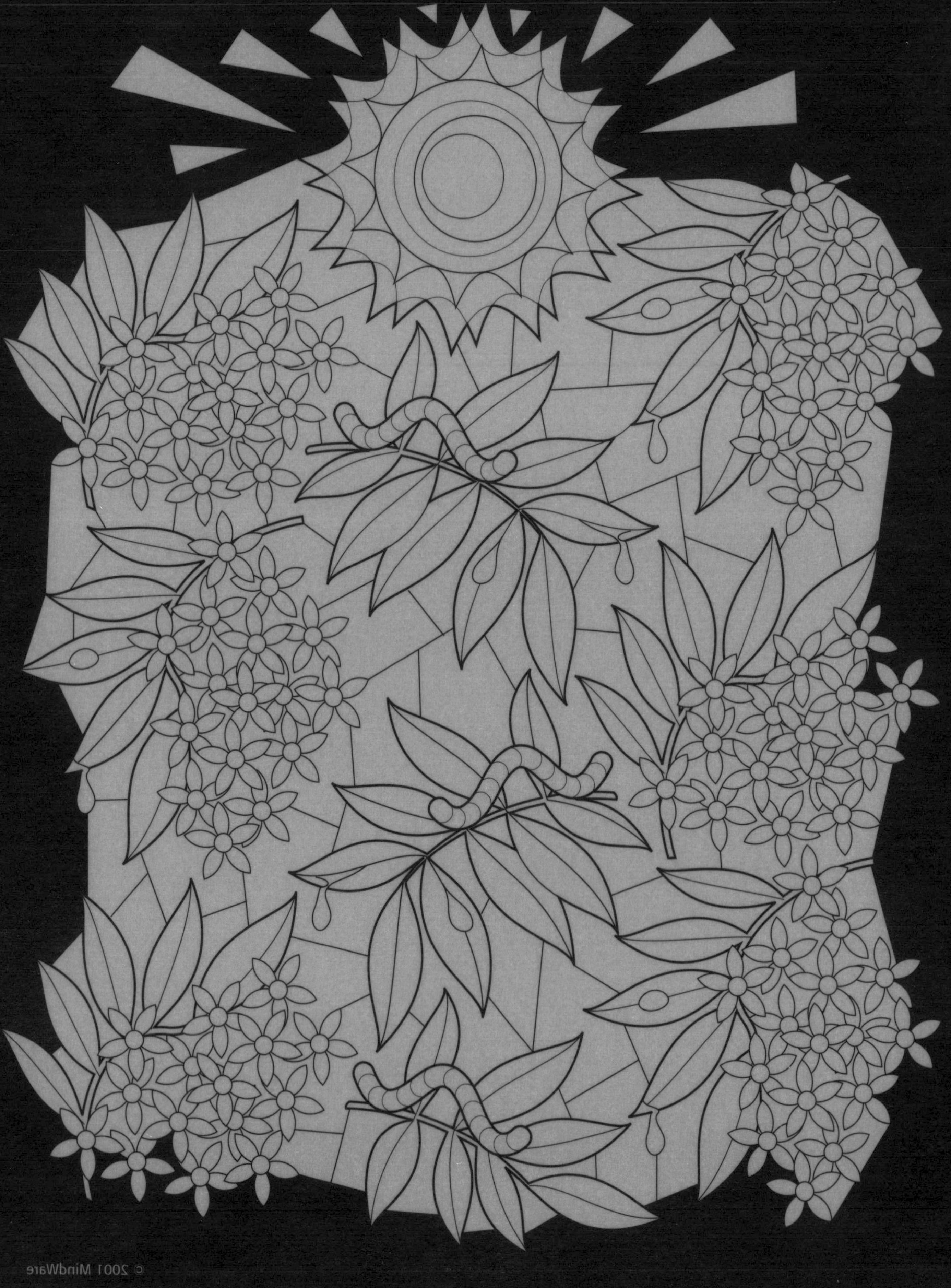

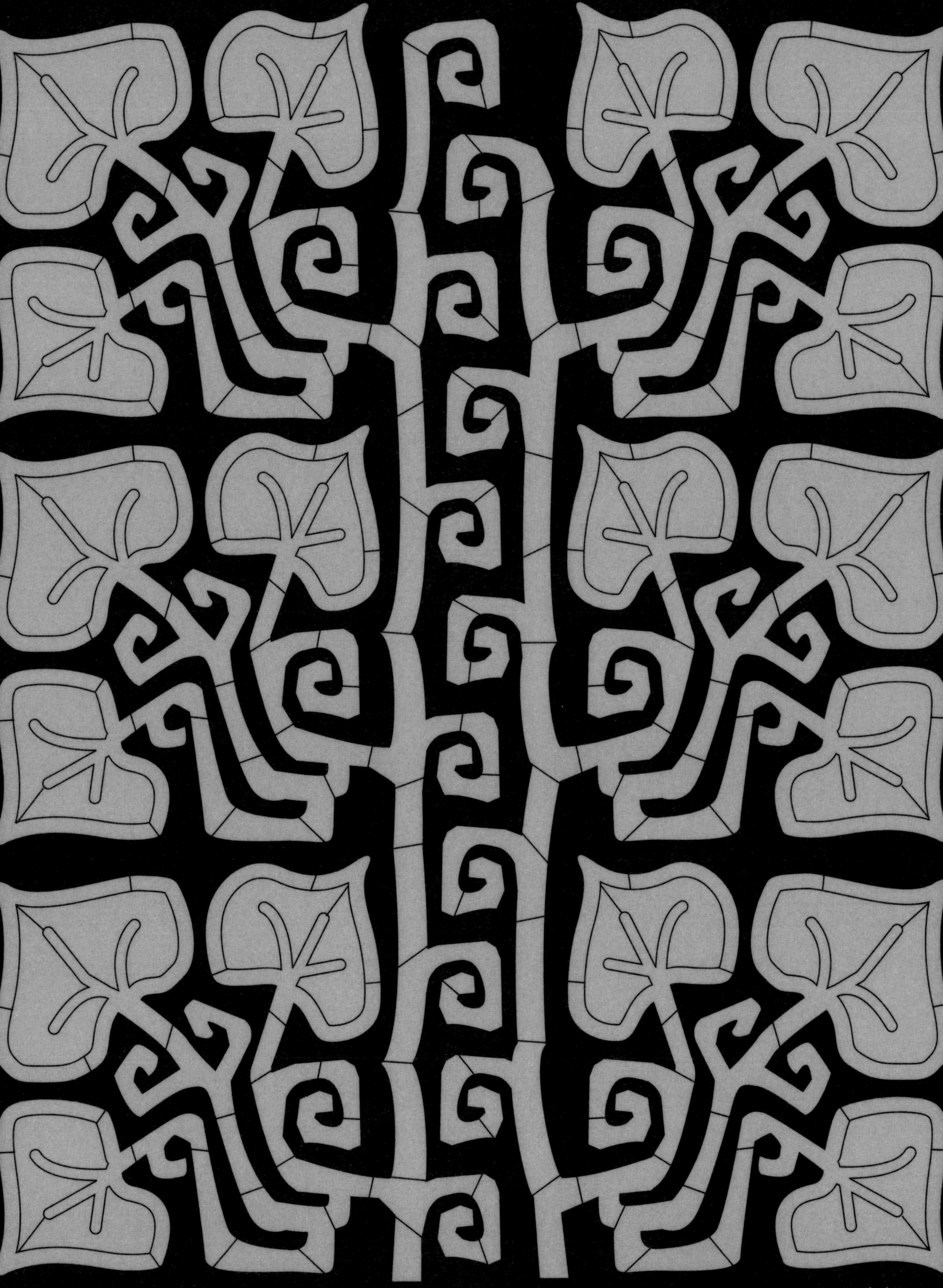

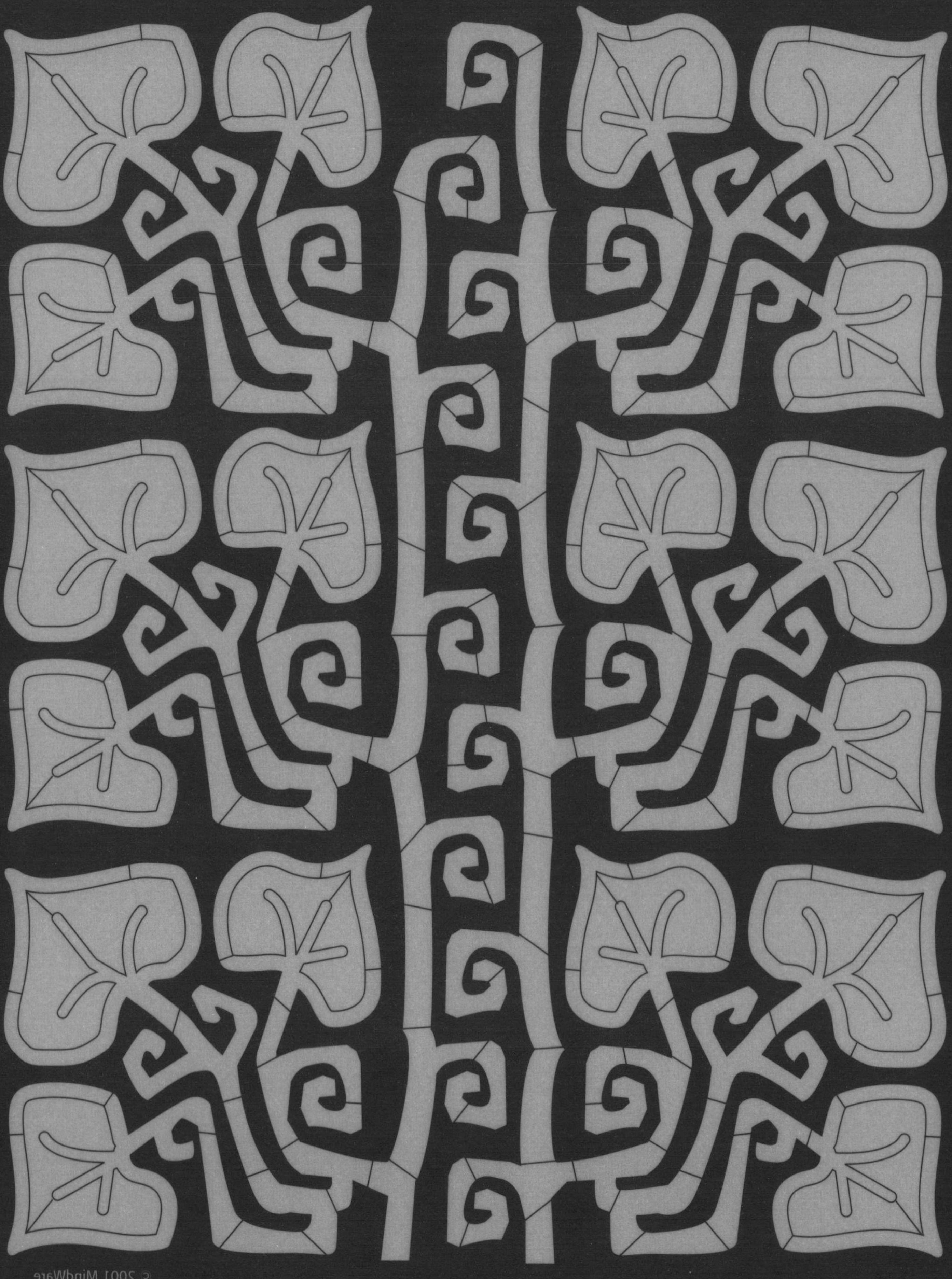

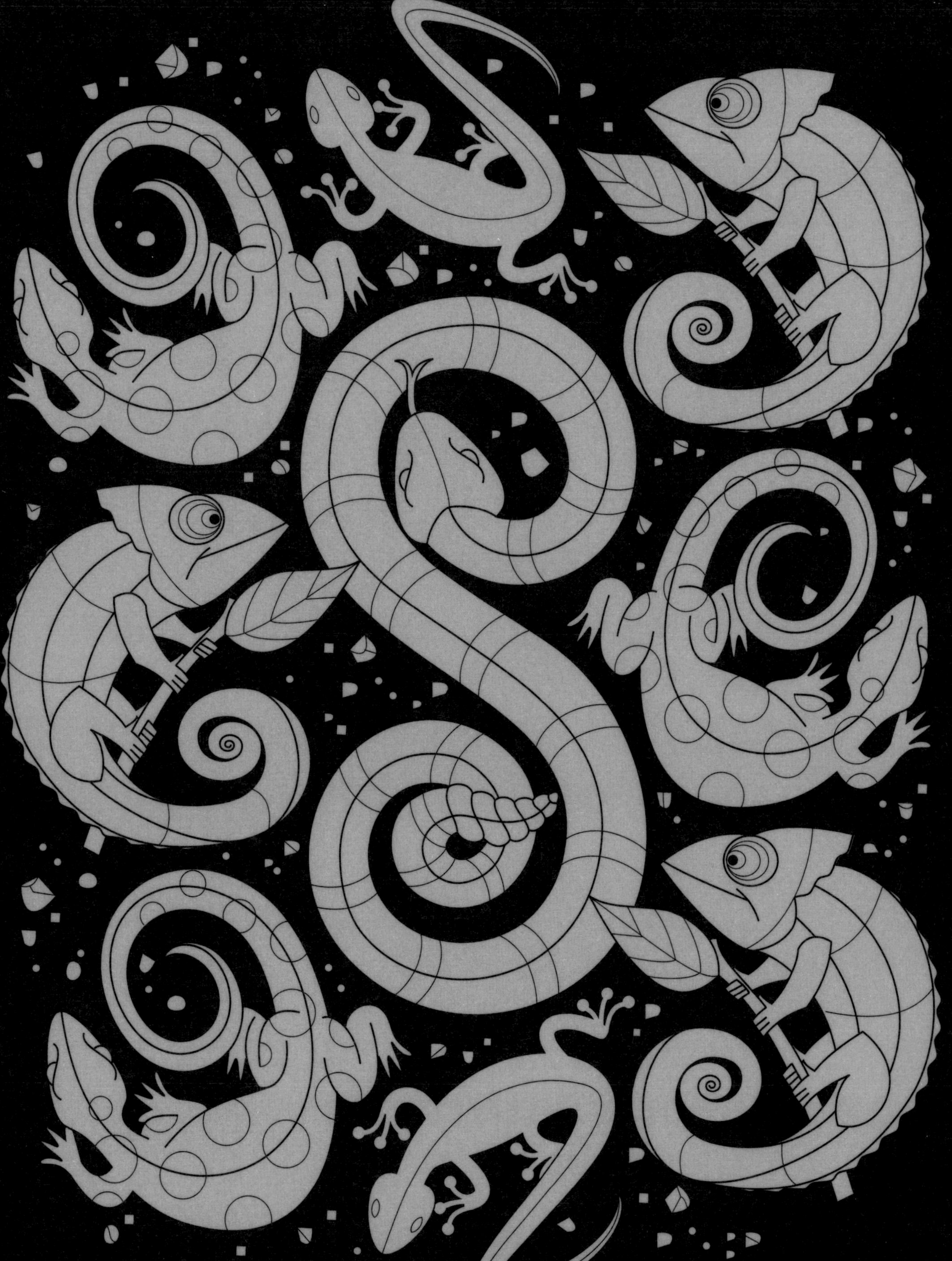

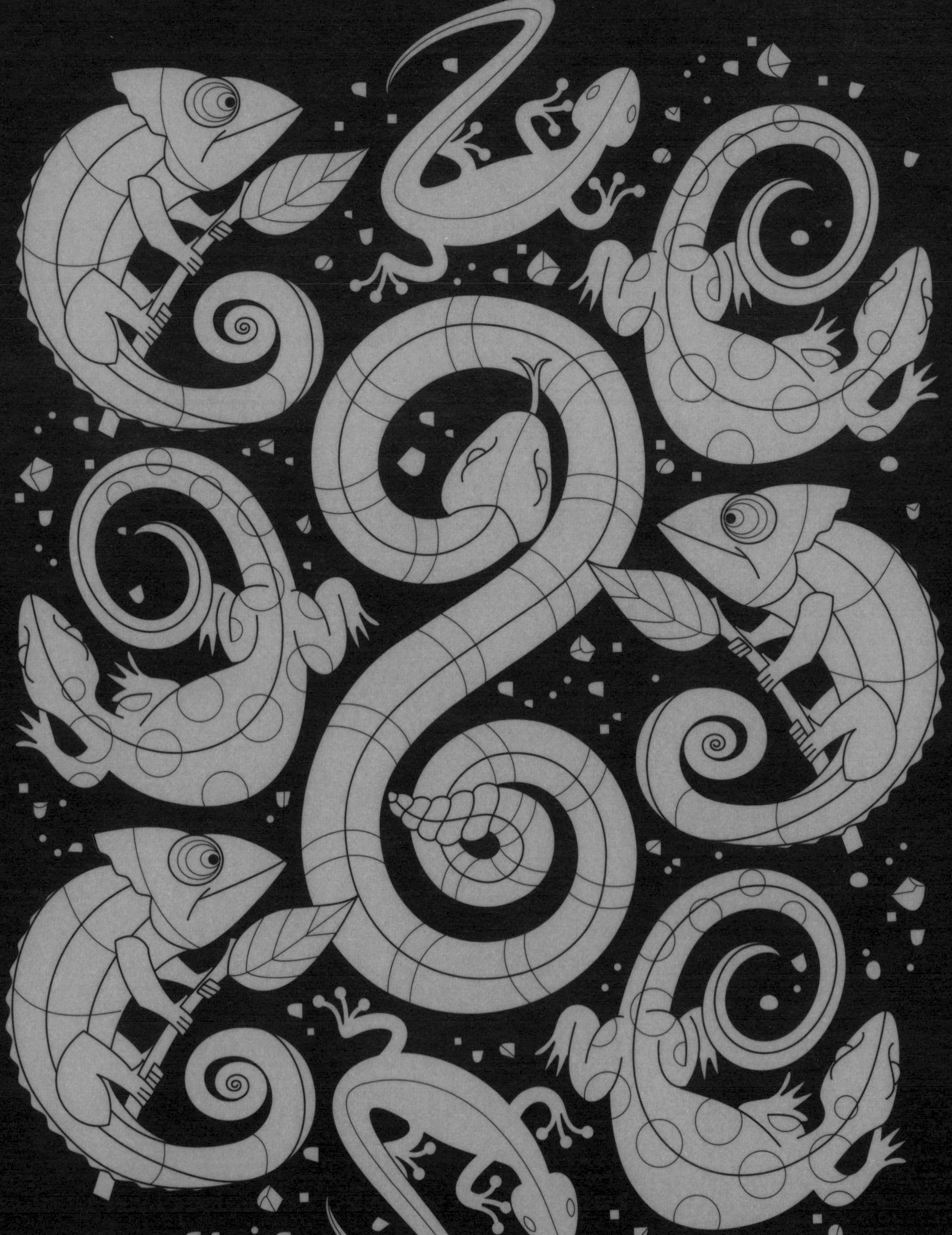

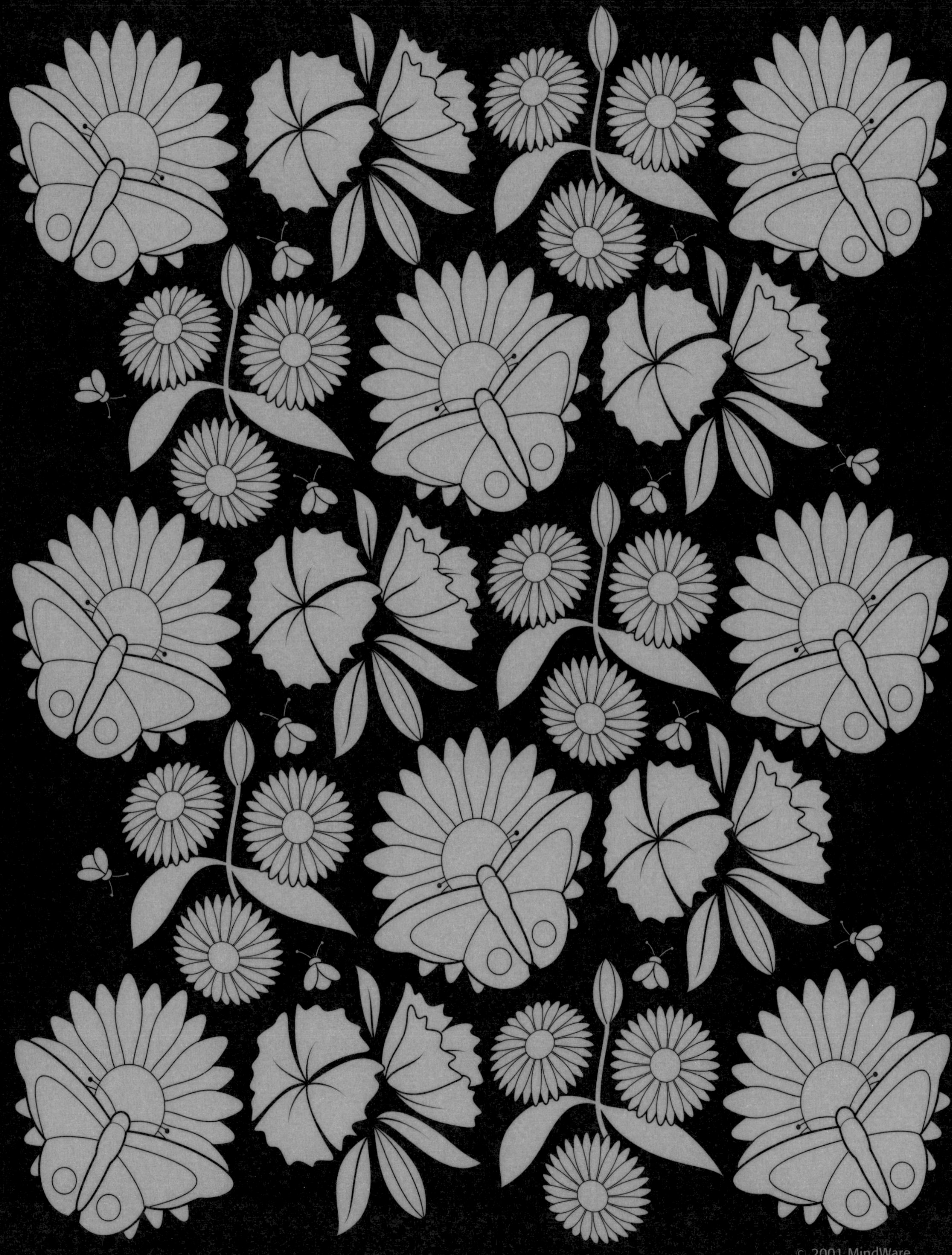

© 2001 MindWare

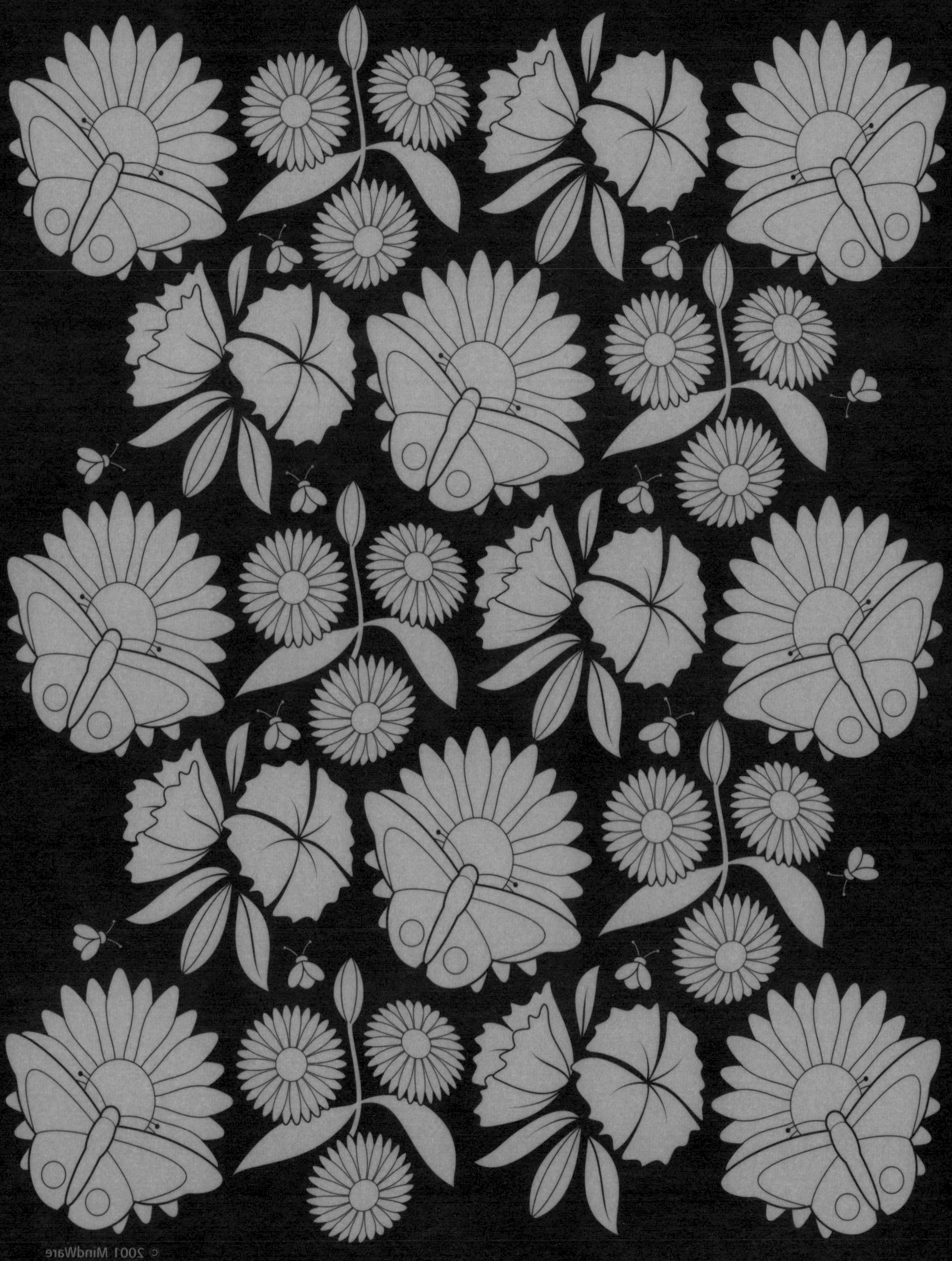

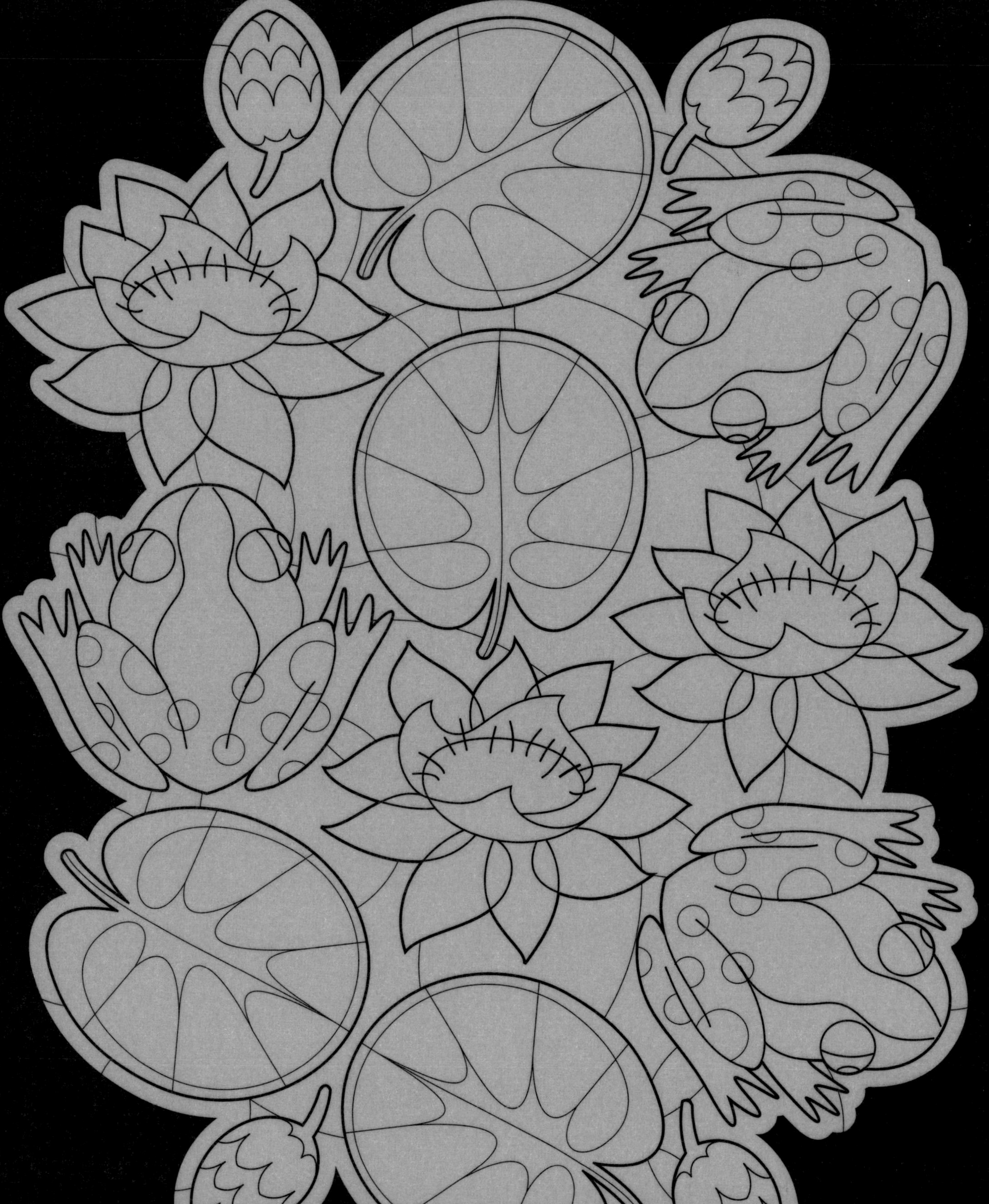

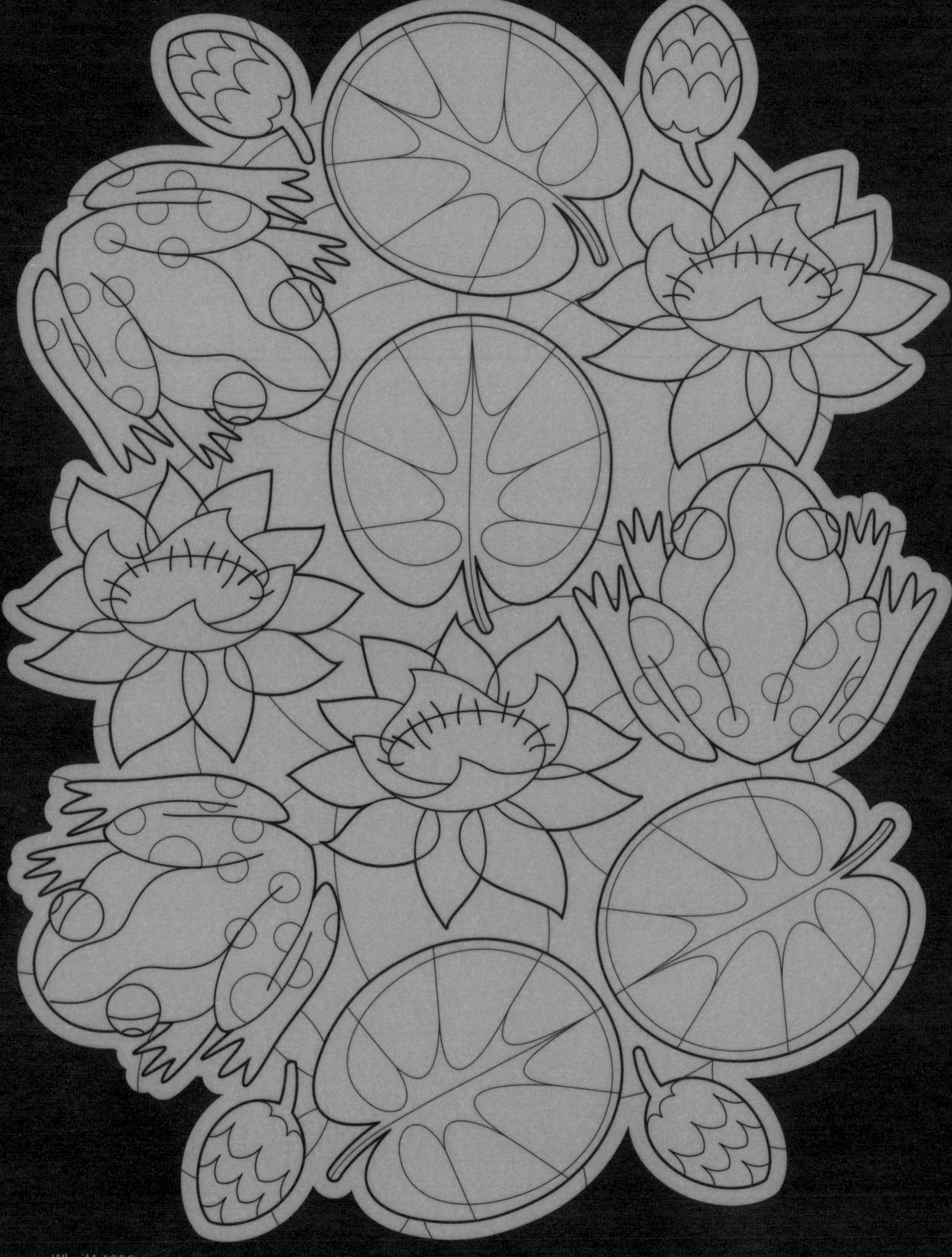

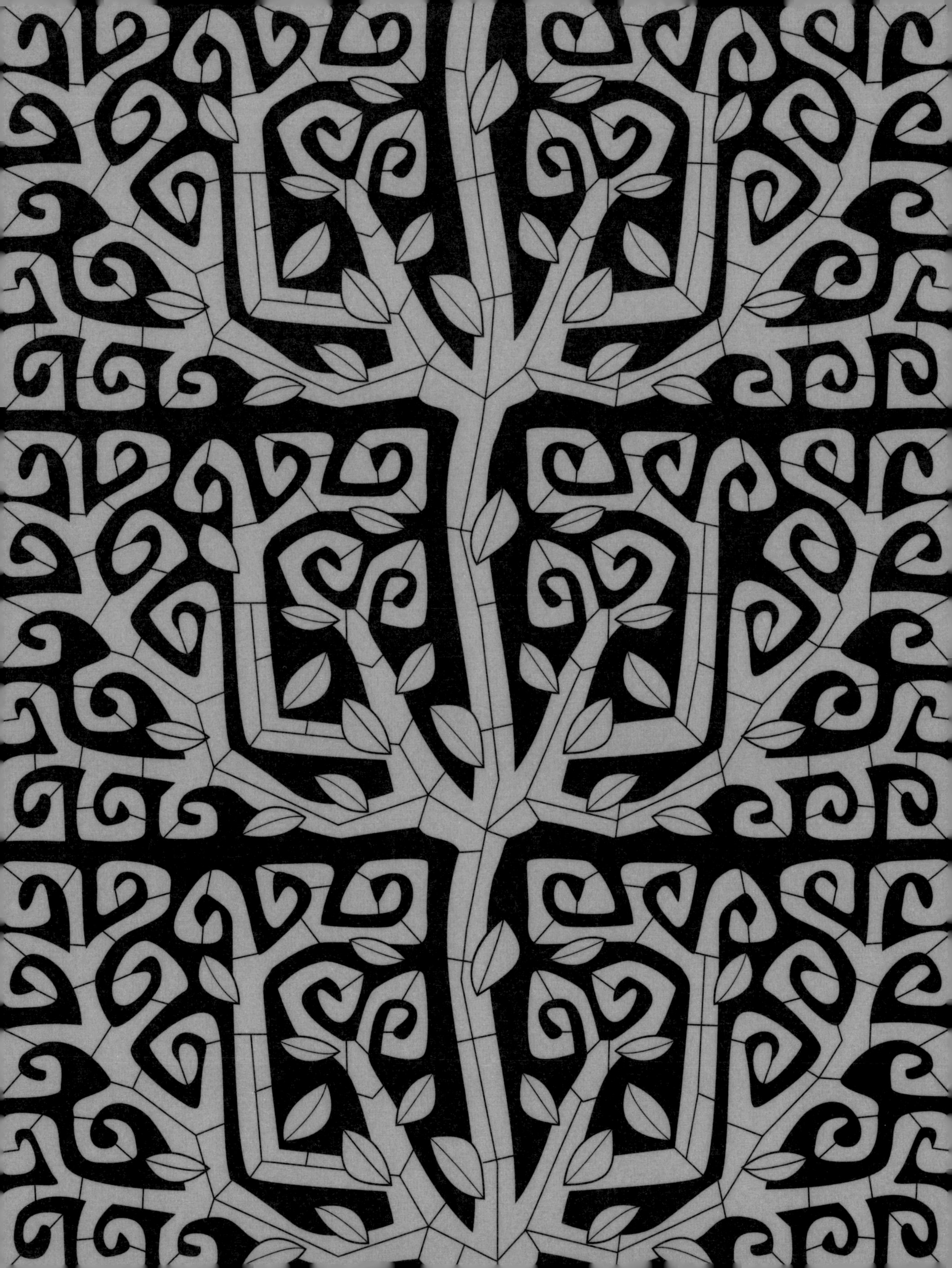

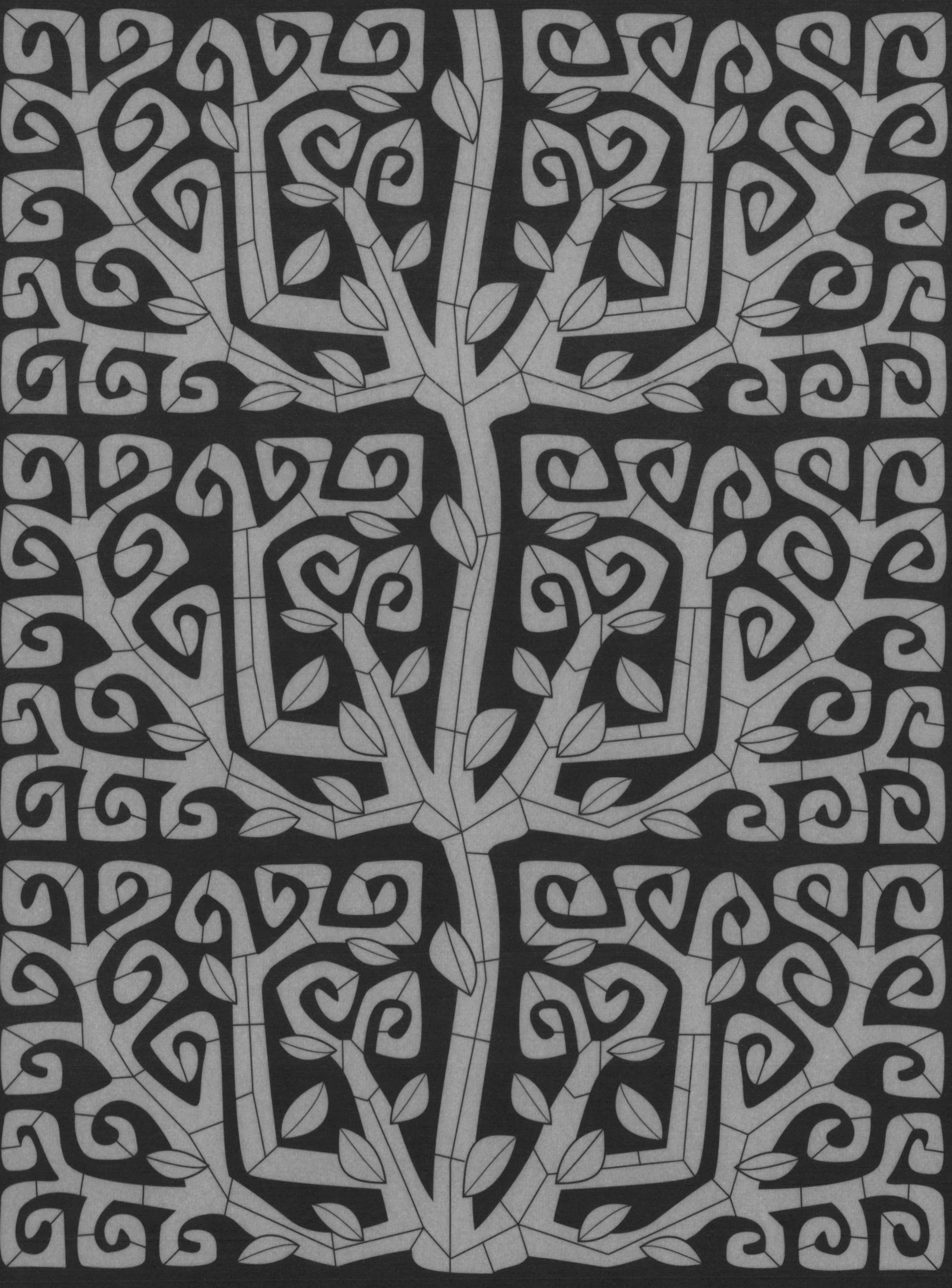

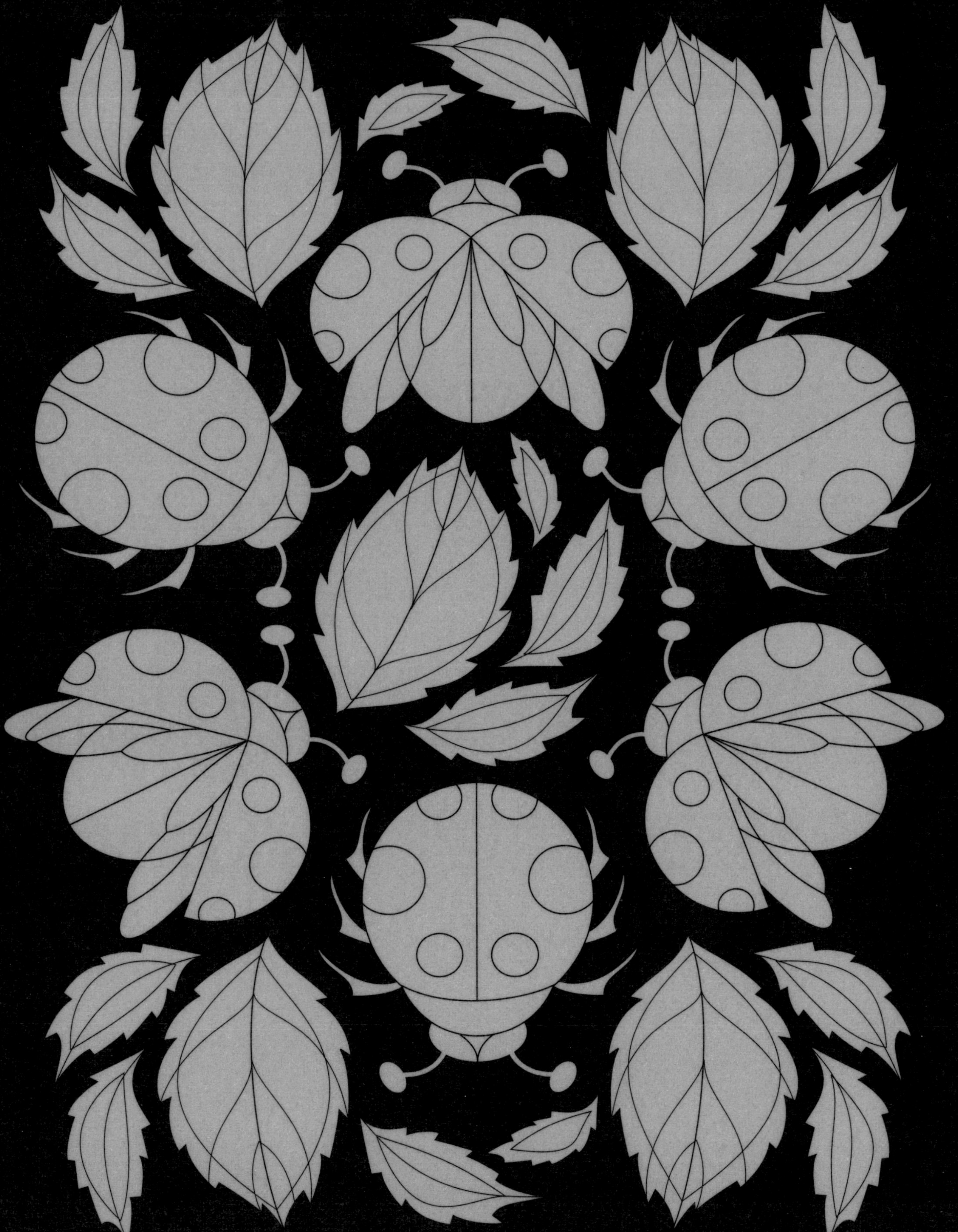

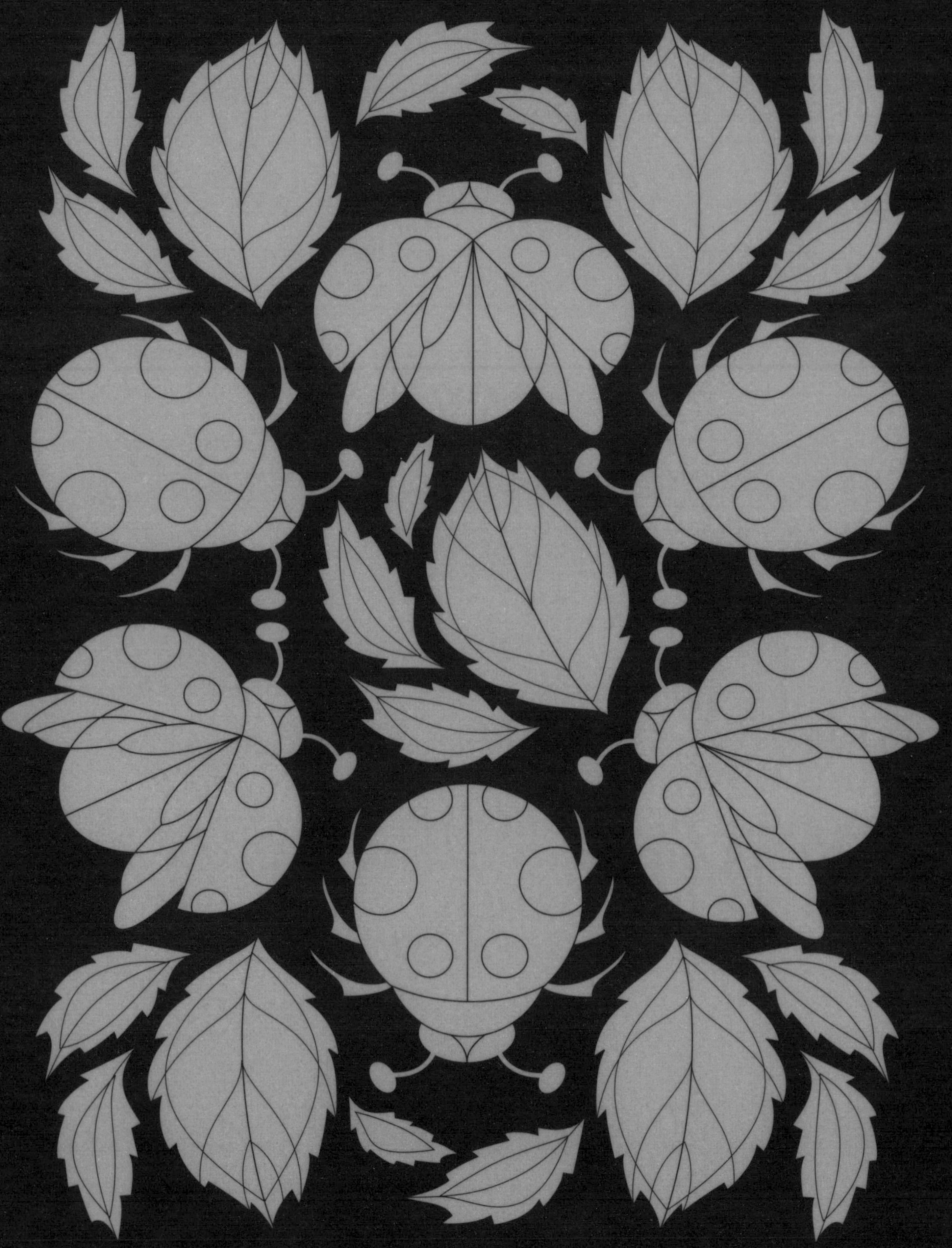